本书为国家社科基金西部项目"语言接触视域下的河州方言形成和演变研究"(15XYY006)成果

太极川文化与地理方言研究

莫超 陈贵辉 著

中国社会科学出版社

图书在版编目（CIP）数据

太极川文化地理与方言研究/莫超，陈贵辉著. —北京：中国社会科学出版社，2022.6

ISBN 978 - 7 - 5227 - 0108 - 0

Ⅰ.①太… Ⅱ.①莫…②陈… Ⅲ.①北方话—方言研究—永靖县 Ⅳ.①H172

中国版本图书馆 CIP 数据核字（2022）第 066651 号

出 版 人	赵剑英
责任编辑	顾世宝
责任校对	周　昊
责任印制	戴　宽

出　　版	中国社会科学出版社
社　　址	北京鼓楼西大街甲 158 号
邮　　编	100720
网　　址	http://www.csspw.cn
发 行 部	010 - 84083685
门 市 部	010 - 84029450
经　　销	新华书店及其他书店

印　　刷	北京明恒达印务有限公司
装　　订	廊坊市广阳区广增装订厂
版　　次	2022 年 6 月第 1 版
印　　次	2022 年 6 月第 1 次印刷

开　　本	710×1000　1/16
印　　张	12.75
字　　数	204 千字
定　　价	78.00 元

凡购买中国社会科学出版社图书，如有质量问题请与本社营销中心联系调换
电话：010 - 84083683
版权所有　侵权必究

前　　言

　　文化地理，是以文化史为参照的地理概念，主要指孕育出一种文化的自然地理空间，可与行政版图重叠、交叉或包含。处于黄土高原和青藏高原交汇地带的甘肃省永靖县太极川，就是这样一个地理空间，文化既自成格局，又吸纳融会，使其"个性"在"共性"中绽放。无论是自身的文化传统，还是参与塑造和传承文化的当地方言，都成为引人注目的别样景观。基于此，我们将本书命名为"太极川文化地理与方言研究"。

　　永靖县位于甘肃中部，东部与兰州市西固区、七里河区和定西市临洮县红旗乡接壤，北部与兰州市红古区隔湟水河相望，西南隔黄河刘家峡水库与东乡族自治县、临夏县、积石山保安族东乡族撒拉族自治县毗邻，西北与青海省民和县接壤。永靖县地赴青藏高原与黄土高原过渡地带，是祁连山东延余脉与陇西盆地交错地带。黄河自境西流来，流经永靖县境107千米，穿过刘家峡至牛鼻子峡，形成了太极形状。太极川长约12千米，最宽处有四五千米。据当地老人口传和零星文字记载，"太极川"地名出现于明朝。

　　太极川是一个盆地，犹如一幅巨型的太极图，黄河是阴阳的分界。川北古城村、中庄村、大川村酷似太极图中的一条鱼，古城村是鱼上的一个点；刘家峡村、罗川村酷似另一条鱼，罗川村是另一条鱼上的一个点。这一区域是远古人类生息繁衍地之一。考古工作者在境内发现的多处文化遗迹和墓葬群证明，史前时代这里已有先民耕牧、制陶，仰韶文化、马家窑文化、齐家文化和辛店文化出土文物比较丰富。据历史文献记载，现在川北的古城村曾有最早的古城堡。太极川在历史上大多数时间以黄河为界，由兰州和河州分治，1929年永靖县建县之前，川北由皋兰县管辖，川南由临夏县管辖。长期的行政分治，造成了川北川南风俗与方言上的不同，迄今依然有明显区别。例如川北社火是兰州风格，以仪仗队、"春官"为先导，以兰州太平鼓表演为主体。川南社火是河州风格，"财宝神"在前面唱，秧歌在后面舞，鼓点是三声鼓。川北人有唱秦腔的习惯，川南人有唱花儿的习惯。方言方面的特点更加突出，川北（以古城村为代表）方言三个声调，平声合为一个调，入声都归平声，属于中原官话陇中片，与兰州话既有联系又有明显区别；川南话（以罗川村为代表）方言两个声调，平上声合为一个调（第一调），去声一个调（第二调），入声都归第一调，属于中原官话河州片，与临夏话既有联系也有一定区别。一河之隔，差异如此显著，这在他处是不多见的现象。

太极川既有炫目的历史文化"群像"，诸如儒释道共生的宗教现象、肇自孔子的浓郁儒风、名声远播的铸造艺术等，又有新中国铸造的辉煌"景观"：20 世纪 70 年代雄踞亚洲第一的刘家峡水电站，至今源源不断地为国家输送着电能；碧波荡漾的"黄河"水库，既是陇上的旅游胜地，又是数百万兰州人民放心的水源。太极川黄河岸边一座现代化的新型县城——永靖县城拔地而起，依山傍水，风景如画，现代建筑与迷人的自然风光融为一体，优雅宜居，堪称省城兰州的"后花园"。

综上，太极川的文化地理及方言很值得研究。梳理太极川的人文渊源，描述其独特的文化景观，考辨和阐释方言的来龙去脉，具有重要的学术价值。

目　　录

上编　太极川文化地理 ……………………………………………… (1)

　第一节　远古——恐龙的乐园 ……………………………………… (1)

　第二节　形胜——奇妙之太极 ……………………………………… (8)

　第三节　宗教——儒释道共存 ……………………………………… (22)

　第四节　礼俗——肇孔氏而呈采 …………………………………… (31)

　第五节　非遗——王氏铸艺独绝 …………………………………… (47)

　第六节　水电——地利之大观 ……………………………………… (54)

　第七节　县城——秀美而宜居 ……………………………………… (59)

　第八节　社火——丰富而多彩 ……………………………………… (71)

　第九节　美食——舌尖上的享受 …………………………………… (79)

下编　太极川方言 …………………………………………………… (96)

　第一节　太极镇古城村音系 ………………………………………… (98)

　第二节　刘家峡镇罗川村音系 ……………………………………… (103)

　第三节　古城村、罗川村方言与兰州市、临夏市方言的比较 …… (107)

　第四节　太极镇1000个单字字音表 ………………………………… (118)

　第五节　太极镇1200个常用词汇表 ………………………………… (150)

　第六节　太极川语法 ………………………………………………… (174)

　第七节　太极镇自然口语语料摘编 ………………………………… (187)

　第八节　太极川方言的形成和演变 ………………………………… (190)

参考文献 ……………………………………………………………… (194)

后　记 ………………………………………………………………… (196)

上 编

太极川文化地理

第一节 远古——恐龙的乐园

黄河是中华民族的母亲河，黄河流域是中华文明的发祥地。黄河流经甘肃长达900多千米，甘肃是黄河重要的水源涵养区和补给区。永靖县位于甘肃中部，东部紧贴甘肃省会兰州市西固区、七里河区和临洮县红旗乡，北部与兰州市红古区隔湟水河相望，西南隔黄河刘家峡水库与东乡族自治县、临夏县、积石山保安族东乡族撒拉族自治县毗邻，西北与青海省民和回族土族自治县接壤。黄河自县西流来，横贯全县107千米，形成炳灵峡、刘家峡、牛鼻子峡、朱喇嘛峡、盐锅峡、八盘峡六大峡谷，黄河支流银川河、大夏河、洮河、湟水河均在永靖汇合，可谓六峡耸立，五水环绕，群山环抱。据《永靖县志》（1995年版）记载："自古以来，在永靖地区生息活动的民族是羌族部落，汉代的烧当、勒姐、罕开诸羌人部落，都曾是这里的主人。魏晋南北朝时期，这里又新增加了鲜卑族的吐谷浑、秃发氏、乞伏氏诸部。唐、宋时又有了吐蕃人和党项人。元明时蒙古人和回族人进入。而汉人则早于汉代开始就陆续来到这里。上述各历史时代移入这里的各个民族，通过长期杂居，相互均有融合。但从宋代开始至元、明、清后，境内居民以汉族为主，回族、东乡族等民族次之。""据永靖部分汉族家谱和口碑资料证实，他们的先祖多来自山西、陕西、南京、四川、广东、河南、安徽等地。"这里，曾为古丝绸之路和唐蕃古道之要冲，是一个融合多元文化、形象独特的地区。文化沉淀是区域形象的重要组成部分，造就人文地理和自然地理的完美统一。文化地理是地区发展的根基，最能体现地区的个性。研究文化地理必将在区域高质量发展中起到积极作用。

有史以来,永靖大地始终是一个以种粮为主兼有少量畜牧的农业区。1993年1月,永靖县委更新观念,在第十次代表大会上做出了农业转轨、优先发展旅游业的决策。自此,这里拉开了大搞旅游业的序幕。1993年3月25日,永靖县委在刘家峡召开了脱贫致富振兴经济战略研讨会,一位专家在研讨时形象地说:"1863平方千米的永靖大地,地理区位特点和经济布局特征组成了一只展翅待飞的大鹏鸟形状:沿河经济带是大鸟的主体,广阔的东西山区是大鸟展开的双翼,盐锅峡镇和八盘峡水库是大鸟的头部,县府所在地刘家峡镇和刘家峡乡、岘塬乡是大鸟的心脏和胸部,广阔浩渺的刘家峡水库是大鸟的腹部。大鸟还有一个漂亮的值得炫耀的尾巴,这就是具有一千多年历史的古代文化遗产,国家级文物保护单位——炳灵寺石窟。"太极川是永靖县县城所在地,处于大鹏鸟的心脏位置。这次研讨会形成了一条共识,就是解放思想,实现突破,重点开发当地旅游资源,增加群众收入,推动全县经济社会发展。

陈贵辉在永靖县统办大楼8楼会议室与县委书记孙矿生(中)、县农委主任肖永华(右)合影(1993年3月)

这里曾是恐龙的家园。1999年8月底，甘肃省地勘局第三地勘院古生物研究开发中心李大庆博士在盐锅峡北岸发现了白垩纪恐龙足印化石。笔者当年正在中共甘肃省委党校读区域经济开发史专业研究生，在西北师范大学张文礼教授的带领下，我们奔赴盐锅峡挖掘现场，目睹了李大庆博士及其团队的挖掘成果，基本了解了揭露过程，也深深地被李大庆博士团队吃苦敬业、执着严谨的精神和作风感动，钦佩之情油然而生。记得李大庆博士当时介绍恐龙足迹的形成时说，恐龙足印化石很珍贵，因为它的形成太难了，形成足印化石必须同时具备在适当的沉积泥沙的地方，有干湿度适当的泥沙，在适当的时候即覆盖。笔者是县里到恐龙足迹发现点现场学习观摩的第一人。当时，李大庆博士介绍，通过人工挖掘和揭露，已发现1700余个分属十大类的足印化石，其中包括七类恐龙足印、一类翼龙类、一类鸟类以及一类尚未查明归属的脊椎动物足印。他还说，这些足印是生活在距今1.7亿年前的侏罗纪或早白垩纪的10只恐龙所留下的。笔者随即向县委县政府汇报了李大庆博士在盐锅峡发现恐龙足印化石的情况，从此李大庆博士与县里积极联系，开始了恐龙足印化石开发保护工作。2001—2002年，中国著名恐龙专家赵喜进、董枝明，日本著名恐龙专家东洋一博士，美国科罗拉多大学教授、世界著名恐龙足印专家马丁·罗克里先后对该足印群进行了野外实地考察和室内合作研究，并对李大庆博士的重大科研成果给予了确认，认为这些足印保存的完好程度、清晰度、立体感为国内外所罕见，是亚洲乃至世界上目前发现的保存最好的该类足印，且足印类型之多（分异度高）为国内外所独有，其中的翼龙类足印和鸟类足印在中国是首次发现。2001年11—12月该地质遗迹分别由甘肃省人民政府和国土资源部批准建立为甘肃刘家峡白垩纪恐龙足印群省级自然保护区和甘肃刘家峡恐龙国家地质公园。

恐龙时代是个神秘的时代。永靖发现恐龙足印并不是偶然的。兰州周边是甘肃最早发现恐龙化石的地区，据地质学、古生物学专家研究推测出当时有成群的恐龙在这一区域活动。1999年1月1日，《甘肃日报》报道了甘肃发现恐龙足印化石的消息，报道中说，1998年下半年，中国地质大学（武汉）、甘肃省地矿局区域地质调查队李长安、蔡雄飞、顾延生等人，在兰州至民和地区进行1∶50000红古城幅和永靖县新寺乡幅区

刘家峡国家地质公园恐龙足印（史有东摄，李大庆博士于2003年1月为陈贵辉题签）

域地质调查时，在兰州市红古区白垩纪地层中发现了生活在距今1亿年前的恐龙足印化石。报道认为，兰州市红古区恐龙化石的发现，不仅在古生物学方面具有重要的科学意义，在地层学、古环境学等方面也有重要的研究价值。据李大庆博士介绍，在永靖县盐锅峡镇发现恐龙足印化石是按照红古区的这一主要线索开展调研工作的。2019年11月5日，在永靖县举行的"黄河化石论坛"上又传来好消息：甘肃省恐龙化石研究又取得新进展，在永靖县关山乡红楼村发现恐龙骨骼化石，这是继在永靖县境内发现恐龙足印化石、刘家峡黄河巨龙化石、炳灵大夏巨龙化石、大唐永靖龙化石后的又一重大发现。

专家们认为，古生物化石是生命发生、发展的自然历史档案。人类对于生命演化的了解，几乎全部来自化石。永靖恐龙足迹化石和恐龙骨骼化石的相继发现，启发人们去探讨了解地质年代生物演化及"沧海桑田"的海陆变迁。甘肃地层发育齐全，从元古代至新生代均有分布，元古代距今有18亿年至8亿年，由远及近依次为长城纪、蓟县纪、青白石纪、震旦纪，古生代距今有6亿年至2.7亿年，依次为寒武纪、奥陶纪、志留纪、泥盆纪、石炭纪、二叠纪，中生代距今有2.25亿年至1.35亿年，依次为三叠纪、侏罗纪、白垩纪，新生代距今有7000万年

李大庆博士在永靖县关山乡红楼村察看恐龙骨骼化石（侯奇志摄）

至1万年，依次为第三纪（古新世、始新世、渐新世、中新世、上新世）、第四纪（更新世、全新世）。元古代早期（距今约25亿年至18亿年期间）甘肃出现小片稳定的古陆，它们以岛屿形态浮现于海洋之中。随着时间的推移，火山活动、地质构造运动和变质作用趋于缓和，海陆区分开始明显，气候也逐渐温和，藻类生命已在甘肃古海洋中出现、发展。从甘肃叠层石的分布情况看，甘肃那时的地理环境是陆地少而海洋面积多，仅存的几块陆地是敦煌—阿拉善古陆、陇西古陆、鄂尔多斯古陆，被称为祁连海槽的古祁连海贯通甘肃东西，其中甘肃中部全部在茫茫海洋之下。

  永靖县雾宿山是古祁连海中拔起的一座孤岛。雾宿山西起永靖县盐锅峡镇黄河南岸，东至临洮县焰子山，逶迤五十余千米，永靖县关山乡、徐顶乡、陈井镇、三条岘乡全部区域及刘家峡镇、太极镇、盐锅峡镇部分区域位于雾宿山主峰东西，其主峰，一个叫前雾宿山，位于陈井镇陈井村陈家沟南、三条岘乡他什堡村北；另一个叫后雾宿山，一般称为雾宿山，位于刘家峡镇和太极镇北部交界处。雾宿山群成为兰州市区西南部和永靖县东北部的一道天然屏障。据考，雾宿山区域最早是一片汪洋大海，也是海底火山强烈喷发地带，这里的海洋可能存在了近3000万年，后来慢慢上升为陆地。新生代第三纪始新世（距今6000万年）以后，印度板块和欧亚板块在西藏南缘一线开始碰撞，印度板块俯冲在欧亚板块之下，由于两大板块相互作用的结果，西藏一带开始上隆，从此古地中海由东向西逐渐退出了中国大陆，同时，位于新疆西南段的古鄂毕海海湾也退出了新疆地区，因此，广大西北地区自早第三纪中期以后，受海洋性气候的影响就逐渐减弱。还有由于两大板块相互碰撞与挤压，在西藏一带开始形成了喀喇昆仑山、喜马拉雅山等一系列东西向延伸的高大山系，到第三纪早期的中新世（距今2500万年）时，青藏地区的地势在整体上升，开始向高原转化，从而阻止了印度洋暖流的北上，也加速了西北地区气候的干旱化和草原植被的较早出现。青藏地区地势的上升，使处于其北缘的雾宿山也被带动，逐渐上升为如今的崇山峻岭。

雾宿山（史有东摄）

雾宿山上分布着厚达数千米的海底火山喷发形成的火山岩，藏有大量的海生动物化石。由于地质结构和长期侵蚀作用，形成众多山梁和深沟，如宣家沟、牙沟等，坡陡沟深。在海拔2000米左右有关山、抱龙山、吧咪山次生林区，植被较好，气候湿润。

永靖县西部山区是黄土高原的西部边缘地带，自西南到西北由百余千米波浪起伏的黄土山梁组成，甚为壮观。据考，在距今100万至110万年前的地质年代，蒙古高原荒漠地区是黄土的"制造厂"。当时那里气候非常干燥，风化作用强烈，使大块坚硬的岩石不断分崩离析，形成大量砂粒和尘土，在强劲的偏北风的吹送下，大风卷起细小的粉砂尘土，由干旱的蒙古高原一带向东南吹送到地壳较稳定的黄土高原地区堆积起来，这种黄土就叫风成黄土。黄土是由粉砂质颗粒组成，离源地越远，颗粒越细。黄土高原在流水的长期侵蚀作用下，地面出现冲沟，形成千沟万壑。原始的风成黄土在流水的搬运下，在低洼地区堆积起来，称次生黄土，依次形成了塬、台、川，便于耕作，农业发展较早。兰州区域黄土形成于距今约120万年，这一时期可以说是兰州周围气候干旱的起始。

据地质学家推断，从黄河的发生发育算起，太极川至今已有250万年到300万年的历史了。

太极川地质岩层（史有东摄）

这里是一片神奇的土地，经历了沧海桑田的巨大变化，从汪洋大海逐渐变成黄土高原，在漫长的地质历史演化过程中，形成和留下了类型多样的珍贵地质遗迹和丰富的矿产资源，成为地质学、地貌学、古生物学等学科进行科学研究的自然"博物馆",奇特的地貌景观和古生物遗迹已经成为科学普及、爱国主义教育和旅游观光的重要场所。地球生物的进化告诉我们,环境变迁是生物进化的动力。作为当今自然界的主宰——人类,应该了解过去,了解我们居住地的演变,了解这片热土上生命的演化,了解人类在自然界中的位置,牢固树立"绿水青山就是金山银山"的理念,构建人类命运共同体,敬畏自然,节约资源,加强生态环境保护,构筑国家西部生态安全屏障,保护好母亲河黄河,坚持"重在保护要在治理",推动黄河流域高质量发展,让黄河成为造福人民的幸福河。

第二节 形胜——奇妙之太极

黄河流经永靖县穿过刘家峡至牛鼻子峡,形成了太极形状。太极川包括今川北、川南两个川,川北位于雾宿山脚下,自东向西依次是刘家峡镇小川、大庄,太极镇古城(上古城、下古城)、中庄、大川。川南位于西山黄土高原塬台区脚下,自东向西依次是刘家峡镇刘家峡村、罗川村,紧偎杨家山、岘子山、馒头山、孖中岭、肖家大山五座山峰。太极川东面洮河与黄河交汇、雾宿山与高架山相聚,山水四龙汇聚,当地人把这里称为"龙汇世界"。龙汇世界处在黄河折向西流的拐弯处,三面环水,山峦重叠,有 40 多道湾和 40 多道梁,水热条件好。西流的黄河,在 12 千米的刘家峡峡谷,切穿元古代震旦纪变质岩,两岸高山对峙,宽处 200 米,窄处 50—60 米,而后形成了河谷盆地,南北宽 4—5 千米,河边的川地高出河床 5—10 米,宽 500—1000 米,最宽处 3500 米,总面积达 42.75 平方千米,海拔 1627—1693 米,是永靖县最好的地方。黄河穿行在特殊的地质地形中,受雾宿山阻挡,拐弯再拐弯,形成了独特的黄河西流"S"形壮观,历史上当地人称这道川为"太极川"。

黄河孕育了太极文化。太极文化的精髓是阴阳为一、阴阳相依、阴阳互化和阴阳生生不息。中华民族的文化自信和骄傲,应是源于此原点。要了解"太极",先要了解人文始祖伏羲。伏羲在古史系统中位居三皇之首,是中华民族敬仰的人文始祖。有关伏羲的记述在先秦典籍及以后的历代古籍中屡见不鲜。唐代史学家司马贞总结各种古籍作补《史记》之

太极川全貌（柳玉珍提供，2019年12月20日摄）

《三皇本纪》，比较完整地勾画了伏羲的事迹、功绩。

> 太皞庖牺氏，风姓，代燧人氏继天而王。母曰华胥，履大人迹于雷泽，而生庖牺于成纪。蛇身人首，有圣德。仰则观象于天，俯则观法于地，旁观鸟兽之文与地之宜，近取诸身，远取诸物，始画八卦，以通神明之德，以类万物之情。造书契以代结绳之政，于是始制嫁娶，以俪皮为礼，结网罟以教佃渔，故曰宓牺氏，养牺牲以庖厨，故曰庖牺。有龙瑞，以龙记官，号曰龙师。作三十五弦之瑟。

伏羲于6500年前画八卦，并把八卦重叠为64卦，当时没有文字，只有卦画，卦名与卦画一体，无卦辞，史称先天卦。传说，伏羲在卦台山始画八卦。卦台山，地处甘肃省天水市区西北的三阳川，是一块盆地形平川，南北宽3—5.5千米，东西长15千米，总面积达60平方千米。黄河支流渭河由西向东横流，葫芦河从北来汇，在卦台山和东西峡口的马嘴山之间形成一个巨大的"S"形，南北山脉成外弓形，若抱若合，整个三阳川犹如一幅巨型的太极图，阴阳的分界就是渭河。三阳川的地理形势构成天然的太极八卦。

天水伏羲庙伏羲圣像（明代）中，伏羲双手抱着太极八卦图，中国诸子百家思想文化的源头都是从这个太极八卦图中衍生出来的。现在流行的计算机系统使用的二进制，也源于太极图。

神农时期出现《连山》64卦，以艮为首，有卦画、卦名，无卦辞。黄帝时期出现《归藏》64卦，以坤为首，有卦画、卦名，无卦辞。学界认为，《连山》《归藏》是中国最早的哲学著作。夏朝推行《连山》，有卦辞，无爻辞。商朝在《连山》基础上推行《归藏》，有卦辞，无爻辞。商末周初文王与周公在《连山》与《归藏》基础上推行《周易》，《周易》以《连山》《归藏》64卦为基础，文王作卦辞，周公作爻辞，共计约5016。老子《道德经》成书于公元前516年。老子认为，宇宙万物都是从道演化而来的，"道生一，一生二，二生三，三生万物"。这句话的意思是：母道，常道，非常道，三道合一，一生阴阳为二，阴阳持平为三，三生太阳、月球、地球等，然后三者相合生出万物。他还提出"万物负阴而抱阳，冲气以为和"。这句话的意思是：天地生下万物，万物是如何生存、生活的呢？万物在生存、生活过程中背负阴而怀抱阳，阴阳平衡才能生存、生活。《道德经》是人类迄今为止能够见到的最早的、最系统的、最完整的、最伟大的著作之一。《道德经》不仅是中华文化的基因，深刻地影响了中华文化和文化进程，还有可能影响到世界的文化和文化进程。东周春秋时期孔子根据《易象》注解《易经》，作《易传》一万五千字。《易传》共有十篇，称作"十翼"。有《彖传》上下、《象传》上下、《系辞传》上下、《文言传》、《说卦传》、《序卦传》、《杂卦传》，共十篇。《易经》加《易传》称为《周易》，共有二万余字。

太极是中国文化史上的一个重要概念、范畴，就迄今所见文献看，《易传·系辞传上》记载："易有太极，是生两仪，两仪生四象，四象生八卦，八卦定吉凶，吉凶生大业。""两仪"即为太极的阴阳二意。阴阳，是古人对自然界相关事物或一事物内部对立双方属性的概括。古人把一切事物相互对立与相互依存的正反两个方面概括为阴阳，并用阴阳的属性及其运动变化规律来认识自然、解释自然，并探求自然规律，这就成为阴阳学说。《灵枢·阴阳系日月》说："阴阳者，有名而无形。"《类经·阴阳类》说："阴阳者，一分为二也。"《素问·阴阳应象大论》说："阴阳者，天地之道也，万物之纲纪，变化之父母，生杀之本始，神明之府也。"太极图的形状就好像阴阳两鱼相互纠缠在一起。"太极"一词后见于《大宗师》记载："在太极之先而不为高，在六极之下而不为深，先天地生而不为久，长于上古而不为老。"这句话的意思是，道，它在太极之上却并不算高，它在六极之下却并不算深，它先于天地存在却并不算久，它长于上古却并不算老。据传，《太极图》是宋朝道士陈抟所传，陈抟将《后天太极图》《八卦图》《河图》《洛书》传给弟子种放，种放又传给穆修、李溉等人，穆修又将《太极图》传给周敦颐。周敦颐（1017—1073），字茂叔，道州营道（今湖南道县）人，后人称为濂溪先生，曾任多处地方官吏，著作不多，主要有《太极图说》《通书》等。他依据《易传》《中庸》和韩愈《原道》，接受道教、佛教的某些思想，在陈抟"太极图"的基础上创出论证世界本体及其形成发展的"太极图"，建立了以孔、孟思想为主的哲学理论体系，阐发太极、理、气、性、命等一系列哲学概念，成为宋明理学的基本范畴。他是宋明理学的创始人之一，他在《太极图说》中提出宇宙生成论："无极而太极。太极动而生阳，动极而静，静而生阴，静极复动。一动一静，互为其根。分阴分阳，两仪立焉。阳变阴合，而生水火木金土，五气顺布，四时行焉……五行之生也，各一其性。无极之真，二（两仪）五（五行）之精，妙合而凝。乾道成男，坤道成女，二气交感，化生万物，万物生生而变化无穷焉。"所谓"无极而太极"是宇宙虚无的精神本体，为"动而无动，静而无静"的"神"。他认为人得二五之秀气，为万物中最灵者。人性本善，由于习染和受感外物而有刚善、柔善、刚恶、柔恶、中和五种心理气质。现在，人们看到的太极图，就是周敦颐所传。

　　太极川是一个盆地，犹如天水市的三阳川，也是一幅巨型的太极图，黄河是阴阳的分界，川北古城村（现分为上古村、下古村两个村）、中庄村、大川村一大片地方酷似太极图中的一条鱼，古城村是鱼上的一个点；刘家峡村、罗川村酷似另一条鱼，罗川村又是另一条鱼上的一个点。太极图的东北边缘的雾宿山怀抱整个川道盆地，西南边缘由西山环抱，正东刘家峡大坝耸立，正西黄河又在雾宿山西缘与牛鼻子峡的夹缝中拐弯。真是一片神奇的土地！

牛鼻子峡（柳玉珍提供）

这一区域处于河湟流域，是远古人类生息繁衍地之一。考古工作者从河湟流域发现的多处文化遗迹和墓葬群证明，史前时代，即中国猿人到甲骨文年代，这里已有先民耕牧、制陶，仰韶文化、马家窑文化、齐家文化和辛店文化出土文物比较丰富。马家窑文化分布区内主要河流为黄河及其支流洮河、大夏河、湟水河。5000年前，河湟流域的先祖们向西学到了中亚、西亚的小麦等植物种植技术、养羊等养殖技术、金属冶炼技术；向东学到了中原的小米种植、纺织、养猪等技术。东乡县锁南镇王家村发现了距今15000年左右的旧石器时代文化遗址，东塬乡林家村发现了距今5000年左右的原始旱作农业、青铜冶炼、半地穴式建筑、纺织、狩猎和文化艺术方面的遗址，出土了我国第一件青铜器，林家遗址铜刀现藏中国国家博物馆。永靖县发现了"彩陶王"，收藏于中国国家博物馆。中国彩陶文化最著名的代表是马家窑彩陶，"彩陶王"是马家窑文化最著名的代表。

在永靖县马家湾遗址发掘出四座半地穴半地面式的方锥形建筑物。地下是长方形土坑，坑的四壁平直，表面坚硬整齐，屋内面积约14平方米至16平方米，地中央立有一根粗木柱，四角有四根对称的木柱。复原起来的屋顶呈四角攒尖，用茅草覆盖，并涂以草泥。另外还发现三座圆形房址，地下结构与方形房屋相似，只是屋顶复原的形状是圆锥形。每座房子都设有阶梯和通道，灶设在门口。这七座大小基本一致的房子，错落有致地排列在一起，附近还有圆形和方形的窨穴。这些房屋遗址证明：那时的人们已有了固定的住所，还形成了自然村落。境内还出土有

上编 太极川文化地理 / 13

彩陶王（史有东摄）

碳化谷粒，这证明境内谷物种植历史至少有 4000 年，这里农业有着悠久的历史。永靖县秦魏家、大何庄等齐家文化的文化层存在黄牛已经被驯化的重要证据。中国最早的马发现于秦魏家遗址的齐家文化层，距今 4000 年左右。夏商时，本地为西羌族居地。羌人是从事畜牧且以养羊为特色的一个民族，夏禹是羌人的后裔，羌人是夏王朝的主要部族。古文化遗存证明，河湟流域的古羌人对中国经济、文化的发展做出过杰出贡献。

太极川记载最早的古城堡位于现在川北的上古村、下古村。清光绪十八年张国常编《重修皋兰县志》第四册载："古城堡，近堡有废城，周一里许，故名，在县西南一百三十里半个川。"第十四册载："允吾故城在县西，汉置，始元六年置金城郡治，水经注允吾县在黄河之北湟水之南。"关于"允吾县"县城城址，有学者认为在现青海省民和县下川口，有学者认为就是永靖县太极川的古城村。北魏郦道元《水经注》记述黄河在现永靖县流域时提到允吾县："河水又东历风林北"，"河水又东与漓水河"，"河水又经左南城南"，"大河又东经赤岸北，即河夹岸也"，"河水又东，洮水注之"，"又东过金城允吾县北，金城郡治也。汉昭帝始元六年置，王莽之西海也。莽又更允吾为修远县。河水经其南，不在其北，南有湟水出塞外,东经西王母石室、石釜、西海盐池北""河水又东经石城南,谓之石城津","河水又东南经金城县故城北","东流,有梁泉注之,出县之南山"。最早提出允吾古城在今永靖县的人是清代光绪年间浙江嘉兴人陶保廉,他是新疆巡抚、陕甘总督陶模之子,他创作的《辛卯侍行记》(1897年养树山房木刻本)对西北各省的人口、民族、宗教、交通、土地、矿产、环境、防务等都有详细记载,是一部极具史料价值的西北地理力作。他在《辛卯侍行记》中写道:"允吾县古城则在湟水南,黄河北,与允接隔水相直,当今平番、碾伯、河州、皋兰四邑接壤。湟、黄二流之交,焦家河、张党堡等地,河州极北边境,其允吾所治欤。"《中国历史地名词典》载:允吾县"治所在今甘肃永靖县西北湟水南岸"。《临夏回族自治州志》(1993年版)载兰州大学地理系教授冯绳武《河州政区城关考》,此文记载:"由于黄河在今永靖古城盆地,呈一大湾曲,流向自东至西,又转向东流,河北岸的古城村在大川内,由东至西,分上古城与下古城,符合《水经注》注文'河水径其南,不在其北'的解释。但从大范围论,古城实在黄河右(南)岸。也符合经文所云:'又东过金城允吾县北',与注文并无矛盾。经实地调查,古城海拔1660米,为正方形,每边长逾500米,约占地500亩,分上(东)下(西)两城,全属住落。农田与果蔬园地,居民5000多人。原有东、西二门,南距黄河二里余,有古渡口过河可至罗川村。今城垣全毁。老人王某(80岁),尚能忆及旧城四至地址,今仅东南角尚存'古城角'地名。附近有汉墓出土五铢钱与方形砖,足证此古城确属金城郡治允吾所在。"冯绳武教授有诗作:"丝道临津接大川,古城汉县证相联。允吾郡邑在何处?九曲黄河第四旋。"古城村窦氏家谱也记载,其先祖"复迁省西允吾城——半个川"。这些记载,与黄河现在的流经一致,太极川古城村在黄河之北,经盐锅峡至八盘峡至兰州境,县境宣家沟、关山神泉水在兰州市西固区南流入黄河。川南罗川村黄河南岸第一台地上1987年8月13日发现一座东汉古墓。此墓为砖室墓,由墓门、甬道、前室、后室组成,有人骨架一具,口内取出玻璃珰两枚,系舶来品,狗骨架一具、釉陶炉、釉陶豆、釉陶盘、釉陶钟各一件,有灰陶片、釉陶片,五铢铜钱币两枚。太极川在历史上大多数时间以黄河为界由兰州和河州分治,民国十八年永靖县建县之前,川北由皋兰县管辖,川南由临夏县管辖。当地川南人把川北人叫作"大百姓"。皋兰县名源于原县城南二里的皋兰山（今属兰州市城关区）。清乾隆三年（1738），甘肃巡抚元展成疏请将临洮府迁兰州称兰州府，原兰州改为皋兰县为府治所在地，从此始有皋兰县之名。明清时期的皋兰县由于是肃藩、省治和府治所在地，疆域面积广大，战略位置重要，经济发达，街市繁荣，文教昌盛，有"名藩自古皋兰"的美誉。民国时期，甘肃省直辖20多年，可谓甘肃首县。河州于民国二年改为导河县，民国十七年改导河县为临夏县。志书对"黄河向西流"多有记载。民国二十年黄陶庵《续修导河县志》第一卷载："黄河，自县西百二十里积石关入县境，东过炳灵寺峡，至于白塔寺川又东过刘家峡，至于罗家川，折而西北，经罗家洞，至于孔家寺北过朱喇嘛峡至于罗家堡，又北过盐锅峡，至于黄茨滩，北经焦家河，纳湟水，入皋兰达家川界，计流县境二百三十里。"又载："北乡多工匠"，"北乡之人，习工好文，士敦品节，不复附权势，农讲耕作，勤力亩亩，工尚坚固，不求精巧，商安固陋，不知竞争"。

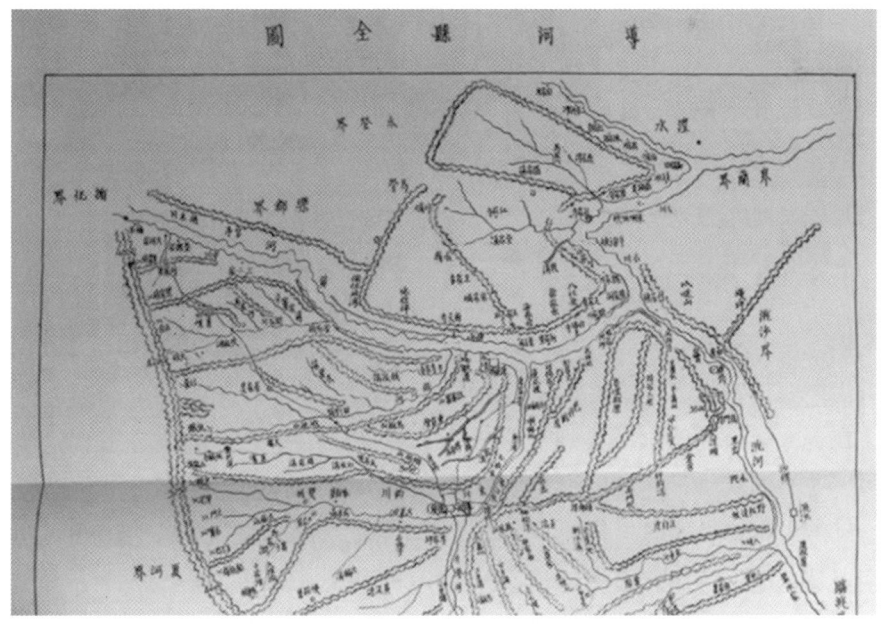

民国时期导河县局部图（选自《续修导河县志》）

清光绪十八年张国常《重修皋兰县志》第四册载："黄河自河州界东北流至合河口（在哒吓哼啰南十里）入县境，洮水自东南来注入，西流经茅笼峡（府志作茅笼峡，峡口名刘家峡，峡南罗家川属河州境，西赴白塔寺川由此渡河，古名河夹岸，即水经注之赤岸成气伏置飞桥处也，隋末薛举据金城败枹罕皇甫绾军于此）绕半个川南折而北复折而西经鹦鹉嘴峡（峡西口巨石屹立中流，名鹦鹉嘴，俗名其地为大石头河沿）折而北又折而东北经盐锅峡绕雾宿山至小寺沟北，湟水会浩亹水自西北来注之，又东经青石峡（一名八盘峡）至青石关北庄浪水自北来注之，又东经新城北又东南经石佛弯至柏家闇门。宣家沟水自南来注之。"又载："半个川在县西南一百三十里，有大川、小川等名，与河州以黄河分界。"由此记载看，今永靖县刘家峡镇、太极镇黄河北地区民国前称"半个川"。彭泽《兰州志》载该地区居民"重婚丧，崇墓祭，善末业，精工艺，文雅颇盛"。

民间传说中也对"太极川"多有描绘。太极川古城村尤氏、孔氏、窦氏先祖尤一公（俗称喇嘛）、孔思全（诘全、俗名哈喇）（"喇嘛""哈喇"估计是当地民族方言中对有修养的先哲的尊称）、窦芳、窦英带着家眷于元朝从兰州西行卜卦择地，欲找风水宝地定居，走到好麦川，即现永靖县陈井镇大岭，在年家湾、下圈住了几年，并将先祖葬于当地，然后继续西行。他们将要安家落户的地方是"东有赤蛇，西卧犀牛，南有凤凰扑巢，北显笔架龙脉，中央太极宝川"，"东有叭咪灵山，北有雾宿戴帽，南有赤壁西流，西有卧牛塞口，中央太极宝川"，并预言："五百年后，必将彩虹飞架南北，燃灯倒挂金钟，铁龙穿越太极川。"明朝初年，尼泊尔王子潘唐哇曾得到师父授记："汝东行上万里，有一红山土盖头，黄河向西流，长满珊瑚树，地形似太极，而当此处留。"他跋山涉水，终于在现太极川南罗川村找到了禅坐修炼之处，他每日下山沿门化缘，村人罗荣为助其修行，让闺女金环早晚送饭。后来潘唐哇修成正果，并与金环缔结良缘，一同坐化洞中。据《拉卜楞寺及其属寺》（杨上让塔、索南龙珠、欧甲著，甘肃民族出版社 2010 年版）记载，"罗家洞始建于明代，最显著的特点就是有技艺超强的佛窟，开凿于高崖绝壁的十余龛皆为悬空式檐阁，殿古崖险，十分壮观。现在以寺院称之，有 3 间藏式建筑佛殿。""洞内塑有象征中尼友谊的男女合抱肉身古佛，栩栩如生。"

"罗家洞寺——尼泊尔高僧潘唐哇结茅苦修、弘化、证道之地。"清康熙四十六年本《河州志》卷一载:"胖哥川,州东北八十里,黄河南。"从此记载看,今永靖县刘家峡镇罗川村,清朝初年称"胖哥川"。《续修导河县志》第一卷载:"罗家洞,州北九十里,绝壁有洞,殿阁飞空,下有僧院三十余所,枣树数千株,番族往来瞻拜不绝。邓隆《肉身佛赞》:'一阴一阳,天地之根。乾直坤辟,玄牝之门。大来小往,诚性存存。远取诸物,天地绸缊。'"罗锦山作有《罗家洞川八景》。现抄录如下:

罗家洞（史有东摄）

罗家洞川八景

赤壁峻嶒

峻嶒赤壁接云程,一抹浓红入望明。

琢就珊瑚成突兀,高临霄汉显峥嵘。

千寻石柱凭空起，万斛丹砂似染尘。
几次凿山曾避乱，幸蒙佛佑迪清平。

案山耸翠
脉出正龙朝对尊，眠弓一案显玲珑。
参前危壁高千仞，迎面重岚插半空。
雄压岗峦成宝象，陡冲霄汉做屏风。
势登绝顶观仙界，岂虑登天路不通。

肉身古佛
不借超生不脱胎，石山闪出肉身来。
阴阳妙合先天配，造化窝从无极开。
瞻拜依然真父母，登临似近小蓬莱。
贞元一气显生象，好向灵岩称异哉。

黄河倒流
水趋东海破山陬，河到洞川水倒流。
怪见飞涛归宿海，溯翻骇浪渡扁舟。
探源博望疑返驾，敷土禹王错运筹。
何以反常征地理，佛身无怪闪灵丘。

月川红树
新月一川水出东，临秋无树不垂红。
浓妍似缎胭脂染，圆妙恰与珠颗同。
看似珊瑚翻玉砌，坠底阡陌堕金风。
佛前岁岁当供献，谁不盛称仰化工。

峡口古渡
涛飞峡口势如狂，频弄扁舟渡汪洋。
陡起千寻喷骇浪，轻如一叶驾慈航。
龙门鼓柁惊肱折，鸟道牵绳觉胆丧。

欲济大川争利涉,谁其临岸发悲伤。

狮象把门

狮娃舞爪象把蹲,各显威灵守石门。
挥尾云霞曾毓秀,昂头霄汉独居尊。
森严自是齐麟凤,名贵何堪比犬豚。
脉出正龙多吉曜,特生伟状壮乾坤。

天马倚峰

山名天马耸如驰,房驱钟灵产育奇。
辔揽星躔惟电母,镶扬霄汉觉风师。
雷车常结阿香伴,骏骨何乐窥基随。
似此岗峰成伟状,令人仿佛喜题诗。

要了解罗家洞的历史,很有必要再研究一下拉卜楞寺藏经中的一篇藏文文献。这篇藏文文献是罗川罗姓人、拉卜楞寺活佛夏茸发现的,后交中央民族语文翻译局,由祁继先翻译为汉文。现将译文抄录如下:

《罗家洞的天然成就胜乐佛像之传说》

关于罗家洞的天然成就之胜乐佛像,虽有各种说法,但是公认为拔索杰仲撰写的(拉卜楞)寺志中的记载,与第六世班禅白登益西的说法完全相同。

潘亭哇琼瓦修持业上胜定,得最大悉地,本尊明王明妃肖然而立保存完好。称为天然成就之胜乐像之说与圣宗喀巴的一些说法相同。藏族群众称潘亭哇琼瓦为尼泊尔潘亭哇,但是在尼泊尔则称他为阿德哇钦波。他的大弟弟叫尼泊尔美智哇,或叫颏科哇。小弟弟叫唐哇,或称普慧善知识。他们三人既是贤昆玉,又是纳若哇的门徒。后来潘亭哇琼瓦因与外道的一位班智达和一位瑜伽尼进行辩论,使其失败。他二人说:"要将你驱逐于外境大海边!"而他在回答说:

"对我胜了瑜伽师来说，一切无妨，听凭处置。"（他）不加任何防范，漠然处之。因此遭到那班智达和瑜伽尼施展的驱逐轮的暗算。他说："无论怎样，我要到汉地五台山寻找悉地成就的一些物品！"众人相劝，但谁也说服不了他。于是他从西藏出发，前往汉地。途经木雅，作为该地国王的灌顶上师，故停留了一段时间。这大概是在公元1410年。他继续进发，游至汉地，看见汉地极边地区一座耸入云霄的洁白大山，便问别人："此地是何处？"答说："此乃极边海外。"他听罢回忆起往事，说道："我当时若有所防卫，予以回转是毫无困难的。但是，现如今尼泊尔老头我，再也见不到自己的家乡了！"于是安下心来，励志在汉地某处修建了一座名叫拔当达的胜乐佛殿，住在那里为无数众生讲授胜乐经义和灌顶，获得异熟和解说者甚多。

又传，尼泊尔潘亭哇琼瓦遵循至尊金刚瑜伽母授记来到此处，把一位卖食品的小女孩作为手印母。在山洞里闭关修行十二载，终获双运之身。当潘亭哇初到此地时，卖食品的那个女孩年方十二岁，她额间有所修习的黄丹喜旋吉祥痣，认为合乎征兆。遂后将小女孩的母亲作为施主，在其附近修行。有一天，女孩子来送饭时说："明天亲戚们将我嫁给黄河对岸的一个村子里做新娘，阿妈年迈行走不便，不能再为你送饭了。请另找一个施主吧！"潘亭哇回答道："明天你路过此地时，下马向我拜三拜，定会有良好的缘起。"次日，送亲的众人没有让小女孩下马，但女孩从内心里向他顶礼祈祷，顿时狂风大作，那女孩忽然不知去向。后来，在明成化二年丙戌，即公元1466年秋天，罗云老汉的长工，来到此地耕地。忽然看见前有两只兔子跳来跳去，并且听到三声："山洞门开启否？"他侧耳细听，原来那问话声音发自红岩石深处。惊恐之下回到庄上，告诉了罗云。罗云说道："你不会在做梦吧！明天要是再喊，你就回答说：'要开，要开的！'"次日长工如是回答后，突然雷声贯耳，地裂山摇，红光弥漫，洞门开启。洞里端坐着拥抱接吻的本尊明王和明妃圣体，且完好无损。

第六世班禅白登益喜、前藏二千世章嘉大师、土观金刚持、前后二世嘉木祥大师等都向本尊明王和明妃圣体敬献了美衣、骨严、法器等等。在岩口修建了栏杆，悬持帐幔，并修缮了殿，设置了胜乐修行供。贡唐·嘉木祥活佛亲手为本尊明王明妃圣体涂了金水，向口中奉上密咒，清凉饮料立即源源不断地流出等事迹，见于传记之中。后来，此佛像视时间和众徒而自然燃起智慧之火。此后隐居山中之禅师益西遵照喜饶嘉措大师和共如女活佛的教诲，用尚且保存完好的头颅和尸骨塑造了本尊明王、明妃像。

此圣地的地势是这样的：原来堵塞洞口的岩石，坠落于山脚下，显出本尊明王和明妃接吻形状之圣体。修行静室前方左右两边，保存着大自在天夫妇生殖器的形状，以及寒林中人之尸体等等形状地势。总之，完全具备胜乐地的所有特征。前面有左右两条山沟，黄河之水遂向下滔滔奔泻，但使人们感觉，它像上回流。山河辉映，红光荡漾，显现着金刚体的状况。而从内外因缘来看，充分表现着圣地在加被芸芸众生。

清朝末年也有太极川的记载。《他什堡李氏族谱》中《孝子世栋为纪念慈父百年诞辰拜撰，壬午年（1942年）九月初九》记载："李秀春，一名李恩庆，字祝三（生于道光二十一年，卒于光绪二十九年）。祖上为塔什堡书香门第。光绪七年创办丰乐私塾，桑梓故里。光绪十四年，恩贡，伊犁知府。壮年，作西宾于大川，宏开绛帐，授门徒数百人，济济盈堂……真为西丰里之夫子，太极川之儒宗。"本书中出现的丰乐、大川、西丰里、太极川四个地名，从皋兰县旧县志得知：现太极川川北，明朝时属兰州西丰里，清末属皋兰县西乡，当时西乡管理范围包括今兰州市西固区陈官营至永靖县太极镇大川村、盐锅峡镇上铨村、下铨村一带。民国属皋兰县丰乐乡，当时丰乐乡管辖范围包括今兰州市西固区岸门口西南至永靖县太极镇大川村。"丰乐"地名始于塔什堡光绪初创办的"丰乐私塾"。

民国时期皋兰县丰乐乡地图（陈贵辉摄）

第三节　宗教——儒释道共存

1993年赵朴初题炳灵寺寺名
（史有东摄）

太极川地形独特，文化也显得古老而多元。太极川遍布儒家、佛教、道教古迹。既是佛教圣地，又是道教圣地，更是儒家圣地，即使是同一个寺观，也既有儒家、佛教，又有道教。太极川川北有孔子大成殿、尤一义公禅师佛寺、中庄菩萨店、吕祖殿、五龙山道观、二郎观、真鲁寺、龙尾寺，川南有刘家峡居士林、云光寺、罗家洞寺、岗沟寺等。附近还有炳灵寺、吧咪山道观、抱龙山道观、报恩寺、神树岘道观、法轮寺、西秦大佛寺、普音寺、显龙寺、普护寺、乾冠台大寺、红城寺等。这里的文化传播，都能从炳灵寺石窟文化中找出答案，都是以炳灵文化为基础派生出的。

炳灵寺石窟是丝绸之路上一颗璀璨的明珠。石窟位于太极川西南约52千米的小积石山中，这里是中原、河西走廊、青藏高原交接地带，历史上是羌、氐、鲜卑、匈奴、吐谷浑、吐蕃、党项等多民族活动的大舞台。自汉代以来，这里是丝绸之路从中原进入河西走廊的必经之地，又是各民族政权争夺的军事要地。唐蕃古道、羌中道等多条支道交织在这里，大夏河、洮河从其附近汇入黄河，便捷的交通为丝绸之路宗教在炳灵寺的传播提供了有利条件。1961年，炳灵寺石窟被国务院公布为第一批全国重点文物保护单位，2014年6月22日，在第38届世界遗产大会上列入"丝绸之路：长安—天山廊道的路网"。2020年12月，炳灵寺世界文化遗产旅游区被文化和旅游部评为"国家5A级旅游景区"。

炳灵寺石窟唐代大佛（史有东摄）

关于佛教传入中国比较可靠的记载是汉哀帝元寿元年（前2），大月氏王使伊存曾向博士弟子卢景口授《浮屠经》（即佛经，见《三国志》裴注引《魏略·西戎传》），汉朝是丝路发展史上一个非常重要的朝代，丝绸之路的基本走向即奠定于这一时期。魏晋南北朝是佛教传入中国后兴起的第一个高潮，也是中国历史上大分裂、大动荡的时期，丝绸之路的拓展稍逊于汉，但那时沿丝路的东西交往相当繁荣，敦煌、姑臧（今甘肃武威）、平城（今山西大同，北魏前期都城）、洛阳等都是当时著名的商业城市。早在西晋，炳灵寺已经成为佛教活动的场所。北魏郦道元《水经注》卷二《河水》："河北有层山，山甚灵秀，山峰之上，立石数百丈，亭亭桀竖，竟势争高，远望崚嶒，若攒图之托霄上。其下层岩峭举，壁岸无阶，悬岩之中，多石室焉。室中若有积卷矣，而世上还有津达者，因为之积书岩。岩堂之内，每时见神人往还矣。盖鸿衣羽裳之士，练精饵食之夫耳。俗人不悟其仙者，乃谓之神鬼。彼羌目鬼曰'唐述'，复因名之谓唐述山（今炳灵寺所在的小积石山）。指其堂密之居，谓之唐述窟（今炳灵寺）。其怀道宗玄之士，皮冠净发之徒，亦往栖托焉。"唐释道世在《法苑珠林》中记载："今有僧住。有石门滨于河上，镌石文曰'晋泰始年之所立也'。"鲜卑族是以鲜卑山（大兴安岭北）而得名。秦汉时期，鲜卑族游牧在今内蒙古东部额尔古纳河以南。公元1世纪末，匈奴西迁，鲜卑族占有了漠北匈奴故地，留居在这里的十余万匈奴人也自号鲜卑，融入鲜卑之中，鲜卑由此势力强盛。公元2世纪中叶，鲜卑族涌现出一个著名的首领檀石槐，他"勇健有智略"，能威服众人，统一了鲜卑各部，建立起强大的游牧汗国，所辖地区分为东、中、西三部分，西境已达敦煌，与乌孙接壤。魏晋时期，鲜卑汗国分裂为若干部，东部有宇文部、慕容部等，西部有拓跋部、秃发部、乞伏部等。在甘肃活动的主要是西部鲜卑。公元385年，鲜卑乞伏氏首领乞伏国仁自立为大单于，在苑川修筑勇士城（今甘肃榆中县大黄川）为首都，建立西秦国（十六国之一）。

由于西秦处于后秦、后凉、北凉、南凉等国的包围中，处境艰险，政局不稳，首都不断变动，由苑川迁到金城（今兰州市西固区），又曾迁到成纪（今甘肃秦安县），后又返回苑川，最后又迁到枹罕（今甘肃临夏县）。在各国夹缝中生存的西秦最终被大夏所灭，乞伏鲜卑部众分散在兰州、临夏地区。当时，西秦国疆域"西逾浩门（青海乐都），东抵陇坻（陇山），北距河，南略吐谷浑"，这个位置占据了当时丝绸之路交通的要冲，利于佛教在西秦的传播。隋炀帝时，又将交通西域、发展丝路贸易定为基本国策，在今张掖山丹举办了著名的二十七国交易会，使中西交往繁盛一时，丝路各线畅通无阻。唐朝是中国封建社会发展的鼎盛时期，7世纪60年代以后，丝绸之路进入全盛期。敦煌、长安、洛阳等地都聚集了大批胡商，呈现出了国际都会的景象。经过频繁的交往，中国的陶瓷、炼丹术、造纸术西传，西方的祆教、景教、摩尼教、伊斯兰教，及制糖法、天文、医药知识传入中国，共同促进了东西方文明的大发展。唐代以后，陆上丝绸之路开始进入衰落期。自9世纪末开始，中国的政治、经济、文化中心逐渐向东南沿海转移，东西海上往来渐渐频繁起来，而此时中国西北地区出现各民族政权分裂割据的局面，使陆上丝路的安全难以保障，使用率自然降低。至南宋时，海上丝路终于取代了陆路。元代，由于蒙古的西征和对中亚、西亚广大地区的直接统治，东西驿道通畅，许多欧洲使者、教士、商人，如马可波罗等都沿此路东来中国，这条陆上丝路又繁荣一时。但此时连接大都、和林、中亚的北方草原丝绸之路也已频繁使用，绿洲丝路已不是唯一的主要通道，其重要性大为降低。明朝实行闭关政策，以嘉峪关为界，划关而治，中西交往主要依赖海路，陆上交通干线也已改道哈密，原来意义上的丝绸之路已无繁华可言，敦煌也随之成为荒凉之地，至清时更远离甘肃通新疆的交通要道，备受冷落。

公元7世纪中叶，松赞干布统一青藏高原，建立起一个强大的奴隶制政权，对外扩张，龙朔三年（663），吞并了吐谷浑国，占据青海地区。安史之乱爆发后，吐蕃趁机占领陇右诸州，切断了安西、北庭、河西与中原的交通联系，然后自东向西，逐步蚕食吞并河西各州，致使凉州、甘州、瓜州、沙州等地陆续被吐蕃控制。松赞干布建立统一的奴隶制政权后，社会经济的发展对宣扬一神论的佛教有了主观上的需要，佛教正式传入西藏，并在赤松德赞时期得到极大发展。印度佛教、中国佛教传入西藏后，经过与原始的多神教——苯教的长期斗争，在斗争中相互吸收、相互发展、相互融合，最后交融成为西藏化的佛教。这是一种以传入西藏的印度佛教为主，同时又包含有许多苯教成分，是佛教与苯教两种不同文化下行拼接的结果，具有独特的风貌，蕴有丰富的历史文化内涵。1246年8月，西藏佛教萨迦派首领萨迦班智达贡噶坚赞（简称萨班）应蒙古皇子阔端之召，携其侄八思巴与恰那多吉来到凉州，1247年1月，萨班与阔端在凉州会晤，使阔端等蒙古贵族皈依佛教，虔诚崇佛。"凉州会晤"后，萨班继续留在凉州，弘扬佛法，传授佛经，河西地区寺院林立，佛教兴盛，元代成为藏传佛教发展的一个重要阶段。元代以后，甘肃地区乃至全国藏传佛教的发展，"凉州会晤"起了一定的促进作用。藏传佛教分为宁玛、萨迦、噶举、格鲁等派。自此，一些汉族佛寺，如甘州大佛寺、凉州海藏寺、天祝天堂寺、永靖炳灵寺都改宗萨迦，使萨迦派势力达到鼎盛时期。

藏传佛教传入炳灵寺后，僧众修建寺院，改造窟龛，还确立了活佛转世系统，逐渐把炳灵寺改造成了藏传佛教寺院。炳灵寺是藏语"仙巴本朗"的音译，即十万弥勒洲之意。炳灵寺明朝中晚期的壁画，以藏传佛教为主要内容，壁画主题有诸佛、菩萨、佛母、弟子、罗汉、双身像、护法、财神、祖师，以及坛城、佛传故事、僧团生活等，佛塔中大量出现瓶型覆钵式的浮雕喇嘛塔，一部分喇嘛塔的覆钵塔身换成了汉式仿木构亭阁造型。第128窟北壁塑有明朝喜金刚像，喜金刚是藏传佛教密修五大本尊之一。喜金刚像八面十六臂，怀抱明妃，每只手中有颅碗，两腿踩人，另两腿被人托起，具有威慑邪恶的力量。第172窟南壁塑有明朝藏传佛教菩萨像，菩萨宽肩细腰，双手合十，衣饰华丽，展现了汉藏交汇地带藏传佛教与汉文化融合的艺术概貌。此窟木阁顶每格内为梵文六字真言"唵嘛呢叭咪吽"，"六字真言"是观音菩萨化现的以代表"六字"的四臂观音为心咒，在藏区很流行；此窟北壁塑有明代金刚手像，金刚手是藏传佛教密乘事部"三怙主"之一，金刚手像三眼，手持金刚杵跨步而立，表示大力，深受藏传佛教信徒崇奉。炳灵寺文物陈列馆还保存有明代铜鎏金文殊菩萨像、黄布禄金刚像、绿度母像。藏传佛教中文殊被视为诸佛智慧所化现神祇，黄布禄金刚具有护法和诸财神的身份，绿度母据传为观音菩萨眼泪所化现，有救八难等功能，备受崇奉。炳灵寺石窟早期受印度犍陀罗、秣菟罗及凉州造像影响，中期受云冈、龙门和长安地区造像影响，晚期受藏传佛教影响，佛教艺术受到同时代西方、南方和中原的多重影响，呈现出多元化的特征。其中西秦、北魏时期的石窟彩塑与壁画对于认识和研究中国早期佛教艺术发展演变的历史具有极其重要的价值。第169窟保存了西秦建弘元年（420年）的珍贵题记，是国内石窟中最早的纪年题记。公元399年东晋名僧法显、420年昙无偈等在西秦国的活动，促进了佛教在炳灵寺及周边地区的传播和发展，增进了中西佛教艺术交流。太极川川南的罗家洞寺，藏语称"典却让施"，是藏传佛教格鲁派寺院，为拉卜楞寺属寺，供有尼泊尔潘唐哇典却佛与金环女拥抱而坐塑像，洞窟佛殿及塑像，充分展示了藏传佛教绘画和泥塑艺术的特色。

炳灵寺169窟西秦题记（史有东摄）

炳灵寺既是佛教圣地，也是道教圣地。老君洞（184窟）有一方墨书题记反映了道教在炳灵寺的发展历史。老君洞位于炳灵寺姊妹峰的半山腰，离地面近200米，洞高6米，宽8米，深3.3米，平面呈横长方形。清光绪十六年（1860），来自湖北的刘道士塑造了"太上老君""元始天尊""灵宝天尊""四臂观音""慈航道人"的塑像。主体塑像太上老君，头束椎髻，面部宽平，有胡须，着有双领下垂的道袍，腰间束带，左手持乾坤盘，右手持扇，双盘坐于中心柱的石台上，左下方供有道徒敬献的道靴一双。老君左侧塑有"灵宝天尊"塑像,着色仍然很新颖,背景彩绘"凤鹤观日"。二重台上塑有"四臂观音"塑像,稳坐在莲花台上。塑有"慈航道人"塑像,坐骑在金毛犼的背上,老君右侧塑有"元始天尊"塑像,背景彩绘"蛟龙戏水、一龙三显",边缘处,江西游人徐明伟用硬物刻诗一首:"危峰落仙寺,巨佛浮崖前。千秋明香火,威名驰中原。"南壁有清光绪十六年(1860)重修老君洞的墨书序文:

> 混沌初分,老君为先……史记列于万古千秋。花果山,万笏朝天、自西蜿蜒而来,黄河如虹贯蟠绕其天造地设;千百年之伟观也,创自先代,盛唐之时,始为冰灵观,监察御史李巡视至此,题碑"第一奇观"。天宝黄河绝冰,河郡守将巡至此,宫殿渐坏,玩景生情重修。厥后大明兴,道微尽,改为寺。惟留万化老君宫殿,断碣残碑,古迹犹存。民言曰:先有老君洞,后有炳灵寺。
>
> 不幸,大劫未满。大清之首,奸因鼎沸匪猖狂,焚祠毁像。
>
> 劫满矣,天开新霁,国正其祥,光耀复旦,天下无不悦也……良心难昧,不忍坐视,毁煌瓦砾,神士、兵民、僧道,屡七建祠描像,舍身誓愿动工,创修老祖洞,雷祖殿……
>
> 独木难成大厦,勺木积之沧海,器备沐浴,诚哉为序。
>
> 大清甘肃兰州府河州北乡本邑罗暗吧沐浴诚心募化。疏引工成告竣,析四方善信君子,贷昼哉观之,无不喜之大悦。

此序文对研究道教在炳灵寺的遗存有着深远的意义,是不可多得的史料。

炳灵寺165龛有明代重绘的道教壁画。正壁左侧绘有赵公元帅。黑脸浓须,头戴卷帘冠,身穿皂袍,身骑黑虎,手执竹节钢鞭,足蹬登云靴。据说,他能驱雷设电,除瘟禳灾,买卖求财,使之宜利。正壁右侧,绘有关圣帝君,头戴一品官衔的乌纱帽,面形较方圆,三须胡,丹凤眼,身穿红袍,袖口绿色,手握玉带,右手抚膝,稳坐在赤兔垫椅上。北壁绘有关公之子关平的画像,头戴汉盔一顶,身穿红色盔甲,两眼平视,双手抱印,立于赵公元帅之右侧。南壁绘有周仓一身,头戴绿汉巾,身穿青袍,两眼圆睁,双手持长柄的大刀,扶于左前方而立,红色的脸面,

炳灵寺老君洞太上老君（史有东摄）

留有八字胡，立于关公之左侧。此龛的壁画，皆为道教的内容，说明道教传至明代，延续未衰。132窟东壁南侧下方彩绘"十殿阎君图"，也叫"十王超地藏"（十王即秦广王、楚江王、宋帝王、五官王、阎罗王、变成王、泰山王、都市王、平等王、转轮王）。128窟南壁东侧上绘"王母娘娘入宫图"，其下绘三霄娘娘即赵公明之三妹云霄、碧霄、琼霄及百子宫内的"百子乐园图"，左侧彩绘"送子观音"，右侧彩绘关圣帝君和周仓的画像。炳灵寺上寺卓玛洞内供有铜制的财神爷、唐卡中的财神爷、石雕的土地爷等。洞沟五窟南壁上方绘有"送子观音"。太极川道观大多都供奉"三官大帝""太上老君""财神""武神""吕祖""金花娘娘"等。"三官大帝"，三官，又称三元，是源于对天、地、水的崇拜，认为三官是主宰人间祸福的大神。尧，上元天官赐福大帝；舜，中元地官赦罪大帝；禹，下元水官解厄大帝。"太上老君"，是老子的神化，道教尊为教祖，老子姓李名耳，字伯阳，称老聃，春秋末年鹿邑人，曾在周朝为守藏史。老子是我国伟大的思想家、道教学派创始人，其惊世之作

《道德经》备述宇宙之本源、物理之法则、人道之灵性，对后世影响深远巨大，注疏阐释历代不绝。"财神"，即赵灵官，名赵公明，系终南山人，秦时避乱山中，悟道修真，道教奉为财神。"武神"，即关圣帝君，是关羽的神化，关羽是山西解州人，是三国刘备麾下的勇将，以其忠义神勇倍受世人敬仰，是集忠、孝、节、义于一身的典型。

太极川川南藏传佛教寺院罗家洞寺和川北黄河岸边杨家堡子历史上建有吕祖殿。吕祖殿内供奉的是吕祖。吕祖，名吕岩，字洞宾，号纯阳子。唐代著名的道教仙人，八仙之一，钟吕内丹派代表人物。一般认为，吕洞宾于唐德宗丙子年（796，即贞元十二年）农历四月十四生于永乐县招贤里（今山西省芮城县永乐镇）。自幼好读书，博通百家之学，但三次考进士不第。46岁时，吕洞宾又去长安应考，在酒店中遇见钟离权仙人，黄粱一梦，醒后方知功名利禄均为梦幻，钟祖笑曰："黄粱犹未熟，一梦到华胥"。吕洞宾遂拜钟离权为师，赴终南山中修道。成道后遍游山水，传道度人，53岁归宗庐山，64岁上朝元始天尊，赐号纯阳子。自是隐显变化不一，誓愿宏大，行化度人，传说众多。吕洞宾见钟离权时，口占一绝以明志："生在儒家遇太平，悬缨重滞布衣轻。谁能世上争名利，臣事玉皇归上清"。其后，道教南宗、北宗、东派、西派都以吕祖为开山祖师，故钟吕丹道实际上成为唐以后道教的正脉。吕洞宾一生乐善好施，扶危济困，深得百姓敬仰。他飞升后，家乡百姓为他修建了"吕公祠"，以资纪念。宋徽宗宣和元年（1119）封吕祖为妙通真人。南宋时已有专门奉祀吕祖的寺庙，并有塑像供奉。元世祖至元六年（1269）褒赠纯阳演正警化真君。元武宗至大三年（1310）又加封为纯阳演正警化孚佑帝君。明朝封"护国天尊"。清朝封"妙化真君"，加封"文尼真佛"。全国各地广建吕祖祠庙，岁时祭祀，至今香火不断。吕祖著述甚丰，后人辑有《吕祖全书》《九真上书》《孚佑上帝文集》《孚佑上帝天仙金丹心法》等。《全唐诗》中收录了吕祖的诗词共200多首。

太极川道观还供奉"金花娘娘"。据了解，甘肃中部、青海东北部民间道观多供奉"金花娘娘"。金花仙姑观最早建于现永靖县三条岘乡境内的吧咪山。民间传说，兰州井儿街民女金花为反对包办婚姻逃到吧咪山，藏身于无影洞中，左狮右象把门，狼虫虎豹陪伴，修行成仙显灵。据清光绪十八年（1892）《重修皋兰县志》记载："考核遗碑，金花出生于洪武二十二年（1389年），坐化于永乐三年（1405年），建庙于成化四年（1468年）。""光绪五年八月十一日，兰省曹炯奏禀皇帝旨饬礼部准加封号，列入祀典……敕赐封号已定，敕建神祠，官民致祭，应毋庸议。"由陕甘总督左宗棠加"灵感"二字，是为"灵感神祠"。原建大殿三间，厢房十数间，后由乡民建百子宫、转阁楼、祖师殿等殿宇。同时，有左宗棠手书的"金花神祠"铜制匾、刘尔炘书"慈航广渡"、鲁大昌书"泽被群生"等匾额多块。原建筑古雅壮丽，斗拱飞檐，雕梁画栋，宏伟异常。大殿四阁飞檐的风铃，随风而鸣，幽静中透着无限神秘

太极川儒家文化、佛教文化、藏传佛教、道教文化、伊斯兰文化兼容并蓄，为研究各民族文化提供了较为丰富的史料。

吧咪山（史有东摄）

第四节　礼俗——肇孔氏而呈采

太极川的孔氏族人，主要分布在永靖县刘家峡镇、太极镇川北，包括小川、大庄、古城、中庄、大川、四沟等村庄，据不完全统计，这里的孔氏人口约为8万，占当地总人口的40%左右。

太极川是孔子后裔在西北最大的聚居区，属于孔子家族岭南派。永

靖县档案馆藏有《金城孔氏家谱》（以下简称"金城谱"）手抄十卷本，是孔宪敏编纂的，他什堡举人李九如撰写《金城孔氏修族谱序》，落款为"光绪三十一年岁在旃蒙大荒落辜月中浣 谷旦吏部捡选知县甲午科举人敬承李九如谨识于金城蓉镜书屋"。2018年9月19日，兰州孔子文化研究会会长孔祥才送来一本《孔子世家谱》三集卷六之一、二岭南派（以下简称"曲阜谱"），该谱由"中华民国二十六年岁在丁丑春二月七十七代孙特任大成至圣奉祀官孔德成谨序，民国丁丑年仲春之吉六十八代孙家庭族长传堉谨撰"。孔德成是中国末代衍圣公，衍圣公是宋仁宗出于尊孔的需要，于公元1055年将孔子世系的嫡系长子封为"衍圣公"，这个封号传延了三十代，到公元1935年国民党政府废除封号，改为"大成至圣先师奉祀官"。《曲阜谱》资料主要来源于《金城谱》，《金城谱》是在72代孙孔宪敏主持下完成的。孔宪敏系58代孔彦斌之后裔，住皋兰县小川庄，孔宪敏有三个儿子，长子庆洁，次子庆惠，三子庆廉。三子孔庆廉是他什堡举人李九如的学生，庠生，聘请先生李九如修谱。次子孔庆惠，子侨臣，在兰州经商，开设庆升粮店。孔庆惠先后于1937年、1948年两赴曲阜，请领族谱。《曲阜谱》是他1948年从曲阜请领的，并带来了七十七圣裔孔德成题写的"渊源洙泗"四言匾文，现存放在小川村孔子庙孔子塑像脚下台基上。孔庆惠写有《曲阜领谱记行》，陇上名士张思温写有《曲阜领谱记行跋》。

笔者对《金城谱》《曲阜谱》详细辨析，结合相关史料考证，孔氏岭南派来兰州迁居太极川的来龙去脉应该是这样的：

岭南派的始祖是孔昌弼。据考，孔昌弼，字佐化，系孔子三十八世孔戣曾孙。孔戣，唐元和十二年（817）被唐宪宗任命为广州刺史、岭南节度使。到任后励精图治，惠政及民，交广大治。后升至礼部尚书。卒赠兵部尚书，葬河南开封府河阴县广武源。孔戣为孔氏入粤奠定基础。孔子四十一世孙孔昌弼，于公元900年因唐末战乱，中原无宁土，而岭南偏安，从父遗命，由河南避地岭南，于先期到达的南雄派孔润共同居住在广东南雄平林村，成为岭南派始祖。晚年，与孔润共同创立岭南第一座书院——孔林书院，为发展岭南地区文化做出了重大贡献。孔林书院开创后，当地耕读之风甚盛。来自南雄的资料记载："在宋代，南雄出了一百零三位进士（含特科），与孔林书院不无关系。"其中有五个进士是

金城谱（孔祥才摄）

曲阜谱（孔祥才摄）

平林村孔氏子弟。孔氏岭南派现在有25万人左右，成为孔子世家的一个大派。《曲阜谱》三集卷六之一岭南派记载："岭南派四十一代一人，昌弼，《旧唐书》作崇弼，字佐化，进士及第。官至散骑常侍。时朱温造篡，河北大乱。光化三年，宰相徐彦若出镇岭南，乃随之入粤。至南雄府保昌县平林村而居。子四，蕖荃葆麟。四十二代四人，蕖，随父南迁。父殁，携子护柩归葬。方过岭，值江西兵乱道阻，乃返南雄保昌。旅蛰父柩于平林，因家焉。后子孙散居珠玑巷石井头。不复北返……四十三代一人，承休，字闰如，性敏学博，累举不仕，因宦征西席至广，授业十余载。于宋太祖太平兴国二年，又自南雄保昌珠玑巷石井头来广州采虹桥居焉。嗣后，流落不能自存，当道矜之，复念其祖孔戡昔为节度使，惠政及民。查结广恩倌废寺田以瞻之。载在广志，卒葬城西凤凰冈。子二，继明，恪。"《曲阜谱》三集卷六之二岭南派记载："四十四代一人，恪，迁居惠州，子一，闰。四十五代一人，闰，子二，俊，静庵。住惠州。四十六代二人：俊，子二，伟略，百宜，住惠州；静庵，字敦旦，宋绍兴戊辰年由乡贡任直隶山海卫教谕，遂家焉，子一，慝。四十七代三人：伟略，子一，鸿猷；百宜，子一，世辅，二名住惠州；慝……住山海卫。四十八代三人：鸿猷，子一，敏；世辅，二名住惠州……四十九代三人：敏，子一，吉人，住惠州。……五十代二人：吉人，子二，超，越，住惠州……五十一代三人：超，子二，嘉舆，嘉乐；越，子二，嘉礼，登云，二名住惠州。五十二代八人：嘉兴，子一，秦；嘉乐，子二，举，奉；嘉礼，子一，春；登云，子一，眷。上四名住惠州。"

来兰州始祖。《曲阜谱》三集卷六之二岭南派记载："五十三代六人：秦，子一，诘全；举，子一，思韬；奉，子一，思蔚；春，子一，思烈；眷，子一，思廷。上五名自惠州流寓甘肃皋兰县。彬文，子二，思选，思巡，住山海卫。"从这个记载看，孔氏来兰州的始祖为孔秦、孔举、孔奉、孔春、孔眷，但《金城谱》和青海省门源县岭南派孔氏家谱记载，孔氏来兰州的始祖为孔嘉兴。《金城谱》记载："皋兰始祖嘉兴公，字性可，超公次子也。于宋淳化中，自广东省之广州府城西彩虹桥，流寓于甘肃省城兰泉驿，即今兰州府城是。公妣颜氏，生子振西，西子诘全，始迁好麦川，今名颜家湾。五世后，迁居半个川，族大丁繁，分五支，约七百余家。厥后，散处十里店、土门墩、杏胡台、上旋、红山、大台子、小川、大山头、平番等处。家虽随地远，人与时更，要皆公之后裔也。"青海省门源县孔氏家谱记载："传至五十二代嘉兴公，字性可，及五十三代秦、举、奉、春、眷五公，因社会动荡，为另谋生计，嘉兴祖及五公扶老携幼，跋涉涧关，不畏艰险，终达陇原兰泉（今兰州市）后，定居土门墩。"又记载："在南宋理宗年间（1225—1264）

流寓甘肃皋兰县土门墩。"由此可以确定，第52代孔嘉兴为来兰州始祖。来兰州时间，据史料分析和代数、传代常数推测，应为宋朝末年蒙宋战争末期。

来颜家湾始祖。《曲阜谱》三集卷六之二岭南派记载："五十四代七人：思全，原名诘全，子二，潜源，潜泽；思韬，子一，克贵；思蔚，子一，克德；思烈，移居皋兰县西颜家湾。思廷，移居四川……五十五代七人：克源，原名潜源，迁居杏胡台；克泽，原名潜泽，子一，希远，住颜家湾；克贵，子一，希革，迁居广东长乐县，今改五华县；克德，住颜家湾。克煌；克灿；克焕，字光炳，以武功升直隶合肥镇抚，子一，希瑛，三名住山海卫。五十六代三人：希远，子一，讷崇，住颜家湾；希革，明洪武四年荣授百户冠带……住长乐县；希瑛，字如珪，元进士……住山海卫。五十七代十四人：讷崇，子一，公佑，住颜家湾……伯礼，成化六年，岁贡，历监授武静州目陞经历转州判……御征得，字拔萃，洪武年间从军，任广西怀远将军陞北京永平卫百户，复调衡州卫中所，以征讨有功，升湖南茶陵州指挥佥事。"从这个记载看，孔氏来颜家湾的始祖为孔思全（诘全，俗名哈喇）、孔思韬、孔思蔚、孔思烈。迁兰州市西固区杏胡台的始祖为孔克源，迁广东长乐县的始祖为孔克贵，迁四川的始祖为孔思廷，迁合肥的始祖为孔克焕。颜家湾，现为永靖县陈井镇年家湾村，孔氏先祖自五十四代始至五十八代住颜家湾。据研判，来颜家湾的时间为1330年前后。孔氏后裔每年清明节都来这里上坟祭祖。

来半个川始祖。《曲阜谱》三集卷六之二岭南派记载："五十八代九人，公佑，字裕后，由颜家湾迁居迤西之半个川。子四，彦峥，彦魁，彦斌，彦嵘……公俊，字镜川，洪武三十一年袭职授护国将军，住茶陵……六十三代二十四人，贞天，贞云，贞和，贞成，贞第，贞丰，贞屿，贞鼎，贞芳，贞云，以上住半个川，贞载，贞元，贞积，上三名住居大川崖头。六十四代三十人……尚宝，万历八年与弟又移居小川庄，子二衍全，衍赐。尚昌，万历初移居平番县红城堡……六十九代三百二十九人……继能，继秀，继邦，继位，继会，以上系彦嵘十世孙，均住甘肃皋兰县大沟庄……七十六代一百七十人。令达……（共81人），以上住皋兰半个川，令训……（共47人），以上住皋兰县大川崖头庄。令

永靖县陈井镇年家湾孔氏祖茔墓碑（孔祥才摄）

纲……（共42人）以上住皋兰县小川庄。"从这个记载看，孔氏来半个川的始祖为孔公佑。"在明成祖朱棣年间（1403—1424）迁至太极半个川"是真实可靠的。其后裔陆续分居现大川、小川、大沟，还有迁居永登县红城的。

太极川孔氏后裔中有一支皈依伊斯兰教，现主要居住在永靖县新寺乡、川城镇、王台镇、小岭乡。据当地人记忆，这支孔氏穆斯林的始祖为第五十九代孔彦嵘，其妻马甲孖，回族，系马家湾（今永靖县盐锅峡镇抚河村，明朝时回族聚居）人，生了三个儿子，其中第三子顺母意皈依伊斯兰教。

孔氏岭南派后裔来到太极川近620年，孔家人起名严格遵循曲阜规定，姓名由三个字组成，第一个字是孔，第二个字是辈分，第三个字是自己的名字。据考，1398—1912年，孔子世家的行辈字派是由皇帝特赐的。到1920年，赐字用完了，曲阜孔氏族老又加了20个字。明洪武年间定十字（自五十六代至六十五代）：希、伯、公、彦、承、宏、闻、贞、尚、衍。清乾隆五年（1740）二月十七日定十字（自六十六代至七十五代）：兴、毓、传、继、广、昭、宪、庆、繁、祥。清道光十九年（1839）定十字（自七十六代至八十五代）：令、德、维、垂、佑、钦、绍、念、显、扬。后来，孔子七十六代孙、衍圣公孔令贻，报当时的北洋政府批准，又续了二十字：建、道、敦、安、定、懋、修、肇、懿、长、裕、文、焕、景、瑞、永、锡、世、绪、昌。这二十个字，定下了孔子第八十六代孙至一百零五代孙的行辈。太极川现代人多为繁、祥、令、德、维、垂、佑字辈。历史上，太极川建有两座孔庙，一座建在小川大庄村，称孔子大成殿，又称西北大成殿，初建于康熙五年（1666），现存七十七代孔德成"渊源洙泗"匾额；另一座建在大川村，称大川孔子大成殿，初建于清朝乾隆二十一年（1756），立家规九条，家法八条，家训六条，劝语八条。

现抄录如下：

九条家规：一、隆孝养，二、崇悌顺，三、笃义方，四、睦宗祖，五、别内外，六、勤生业，七、事俭朴，八、重丧祭，九、择交友。

八条家法：一、完国课，二、重祭祀，三、敦教悌，四、睦族人，五、教子弟，六、立品行，七、正内外，八、节财用。

六条家训：一、孝顺父母，二、尊敬长上，三、和睦邻里，四、教训子孙，五、勿作非为，六、各安生理。

八条劝语：一劝早完赋税，二劝专务实学，三劝勿说异端邪说，四劝勿好赌博，五劝勿贪杯饮酒，六劝勿谈人是非，七劝勿戏谑争论，八劝勿打架斗殴。

甘肃省图书馆藏《松花菴文稿集成》卷十一载：

《孔祠廊庑八箴　祠在皋兰半个川》
孝箴
万物化育，阴阳造形。乌哺羔乳，具有性灵。维昔先圣，行在孝经。后之学者，奈何不听。

弟箴

维昆与季，同气连枝。岂无他人，菲我埙箎。所求乎弟，至圣难之。妇言勿用，庶免睽离。

忠箴

谐声会意，中心为忠。事君以此，金石流通。我曹群处，自谋各工。当如宗圣，首省吾躬。

信箴

人言为信，犬言为狺。尼山之门，讵有仪秦。天日指誓，忽若飚尘。车无轧轮，徒劳逡巡。

礼箴

礼范群动，如金在镕。藏身之固，此为城墉。子曰四勿，复圣所宗。当思相鼠，莫信犹龙。

义箴

义名正路，君子所由。集为浩气，天地充周。喻利者愚，怵害者柔。胡舍熊掌，而涎泥鳅。

廉箴

五兵之刃，其锐为廉。惟有棱角，乃无憎嫌。原生辞粟，仲子哇甘。古之矜也，亦可药贪。

耻箴

耻之于人，亦大矣走！失则跖子，得则舜徒。燔问酒肉，涕泣涟如。勿以醉饱，骄尔妻孥。

嘉庆戊寅冬镌《松崖对联》松花庵藏版《皋兰半个川孔庙》：

冷冷四壁竹丝音不止德观七世
切切一庭诗礼训居然美备百官

迁地能良不用抱东方礼器
处仁为智何妨成西土儒家

数仞墙高幸边方堂构仅存差免颓山之欢
两楹奠远羡后裔蘋蘩迭荐犹余饮水之风

志在鲁论，何处非其乡党。
书终秦誓，以能保我子孙。

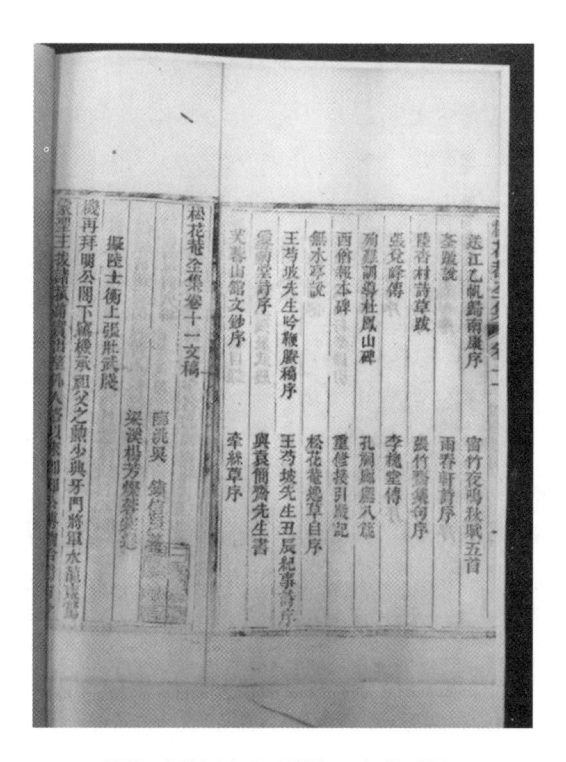

吴镇《孔祠廊庑八箴》（李素平摄）

《松花庵文稿集成》《松崖对联》作者为吴镇。吴镇（1721—1797），字信辰，号松崖，临洮人，出生于书香世家，很小就开始读书了，12岁时已经会写诗，17岁时考中秀才，20岁时到兰山书院读书，29岁时考中举人。乾隆二十五年（1760）后，先后任陕西耀州学正、韩城教谕、山东陵县知县、湖北兴国州知州、湖南沅州府知府，后被罢职，回到兰州后主讲兰山书院，乾隆四十八年（1783）因病回临洮，嘉庆二年（1797）病逝，终年77岁。吴镇为官期间清正廉洁，剖讼判案公允准确，一生博学多识，长于文章，尤精于古诗词，当时人们把临洮吴镇、潼关杨子吴、三原刘绍颁、秦安胡静庵合称为"关中四杰",清代著名诗人、文学评论家袁枚对吴镇的诗评价很高,认为他是"西州骚坛执牛耳者",称赞其诗"新妙奇警,夺人目光"。

半个川人孔秉全为吴镇的学生,上文《八箴》是孔秉全邀请吴镇所作,孔秉全还邀请吴镇为其祖父母撰写《处士还宝孔公暨德配周儒人合葬墓志铭》。吴镇在《八箴》跋中写道:"乾隆壬寅冬月,皋兰孔生秉全走一介驰书,请为孝悌忠信礼义廉耻八箴,益将勒石家庙,以勋宗族子弟,因使友人姜修来操笔,口占书之。旨取论、孟,期不移而之他处。然匪但箴孔氏,兼自箴也。"后有孔秉全按语:"圣贤著书立说,原欲万世之人敦实行耳。故四书五经而外,伊川程子作视听言动四箴。子朱子谓其发明亲切,而后之善读书者亦皆遵守不倦。今吴松崖先生为是八箴,取材经传,足以与诗书相表里,凡我宗族世世子孙,欲求无愧于前人,其尚以此为规劝哉。"

上文《八箴》起初刻碑于半个川孔祠。《兰州古碑刻》(兰州大学出版社)记载,清咸丰三年(1853),皋兰县教谕姚梦麟、训导石毓瑚两人将此《八箴》刊刻于皋兰县文庙,并在结尾时写了如下跋语:"此前辈吴松崖先生旧作半个川圣庙两庑箴也。其言质不近迂,奇不入涩,且取材多《五经》,尤为亲切。因令赵生璘书之于壁,为诸生箴,亦时以自箴云。"

吴镇撰写的《处士宝还孔公暨德配周儒人合葬墓志铭》全文如下:

> 去皋兰城西百四十里半个川,有孔氏之村。聚族而处,约数百家,盖至圣之苗裔云。相传其始祖某者,自元时由曲阜以时迁此,迄今四百余年。户口蕃滋,公立家庙。孔氏之家,居然金城望族矣。而宝还翁尤以德行著于里党焉。公讳玉,字宝还,启凤太公之长子也。少失怙恃,遂废诗书,而师计然。既勤且俭,家(境)渐康。然而率真尚义,人皆称之。翁颇善饮酒,虽终日与人饮,未尝发一狂言。无量而不及乱,殆得至圣之一端矣。其他闲情乐趣类如此,予不觊记。翁生于康熙二十九年之十一月十一日,殁于乾隆二十四年之二月初九日,享春秋七十。遗命卜吉改葬。至三十九年冬,始迁葬于滩头之双场。后之四十五年之十一月十八

日，其妻周孺人卒。遂合葬于新茔之右。周孺人者，慈惠恭敬，出于天性。少佐其夫成家，而严以惠其子孙，和以待其亲族，恤孤矜寡，至老不倦。盖亦不愧其夫，兼不愧其家风者。孺人殁于乾隆四十四年四月六日午时，距生于康熙二十八年之十二月十九日，年九十有一。生子一，名良惠，娶周氏。女二：长适上古王，次适下旋姚。孙一，名秉全，邑庠生。曾孙昭约，业儒。秉全性孝友而好读书。今驰书奉币而求志其祖父母之墓者，即秉全也。爰为铭曰：

杏坛桧宅，日月之光。自他有耀，式此遐方。夫耕妇绩。勤顺允藏。牛眠兆吉，灵魂安藏。川名半个，冢近双场。如思阙里，松柏苍苍。

诰封朝议大夫、前知湖南沅州府事、加三级，记录八次，洮阳吴镇拜撰

吏部侯铨知县、庚寅科举人邵荣清拜书

皋兰县颜锡爵镌字

据考，《处士宝还孔公暨德配周孺人合葬墓志铭》中所称"处士""宝还孔公"系孔子第68代孙孔传玉，是孔彦魁的第九代孙，孔秉全系孔子第七十代孙孔广治，其父孔继章，字良惠，其子孔绍约。邵荣清，字竹园，皋兰县人，乾隆三十五年（1770）举人。颜锡爵，皋兰县刻工，兰州白塔山公园山顶三星殿东壁嵌其《重修白塔山奎阁文宫三星殿记》。

太极川的教育起步也较早。清康熙五年（1666）小川大庄村开办私塾，殿（大成殿）学合一，文武兼修，光绪年间，考取庠生的有孔庆兰、孔庆廉、孔庆恺、孔繁蔚、孔庆瀛、孔宪哲、孔繁祉等，孔庆凤为武庠生。民国初（1912年）中庄村有识之士孔庆捷先生创办私塾。民国八年（1919）古城村在古城庙开办私塾，学生20人。民国十九年（1930）罗川村贤达人士罗光春等人创办私塾，学生30多人，民国二十二年（1933），学校定名为太极村校，期间，时任甘肃省建设厅厅长、美国留学农学硕士、我国著名农学家、永靖县扶河人张心一考察工作时对学校建设给予了帮助，学生增至60多人。1965年，刘

家峡水库蓄水后，永靖中学由永靖县城莲花城迁至刘家峡公社中庄村，并改称永靖一中。

太极川一带至今孔庙祭祀较为盛行，传统礼生文化保存完整。孔子大成殿编辑的《祭圣祖仪式》，具有史料丰富、格式规范、语言深奥、器物名称复杂等特点。比如，在"迎牲礼"中，人们要把酒水食品送进庙里，由礼生列队穿过村中主街迎送进庙，在"迎圣驾礼"中，人们要用咏唱赞美词句的方式，请祖先的神灵降临到凡间享用祭品，然后是要在大殿内进行"献礼"，主要包括洒酒、献肉、咏唱祭文、点燃香烛、焚烧纸钱、鞠躬叩头迎恩。值得注意的是，祭文不是白话文，而是文言文，祭文的朗读也相当讲究，朗读时用假声，时而抬高音调，时而转换韵律，时而变化节奏，多数人根本就听不懂祭文的意思。现节选部分祭文，以供欣赏。

1. 祝文

大成殿圣祖先师孔子四配文曰：

仰惟继圣，大哉，配圣尧舜禹汤文武孔孟继任续脉，伟在至诚，仁义为本，道德为尊，敢昭告于

述圣子思子曰：教传圣道，谱在立言，神圣功化，本其自然，中庸之道天命在于，明道之本出于性天。

复圣颜子曰：亿则屡空，陋巷曲肱，疏食饮水，乐在其中，闻一知十，四勿为尊，视若富贵，轻如浮云。

宗圣曾子曰：知止有定，定后能静，静而能安，安后能应，所谓修身，在正其心，格物致知，诚意为本。

亚圣孟子曰：至大至刚，护法圣门，浩然正气，仁义崇正，存心养性，收其放心，有功于圣，接传其宗。

仰惟十二哲先贤聊表赞言，一日共难，万代受奠。敢昭告于

先贤冉子仲弓曰：居简行简自处以敬，居敬行简以临其民。

先贤闵子骞曰：为季氏宰不欲为臣善为我辞乐道为人。

先贤冉子伯牛曰：以德行称，亚于颜闵，夫子痛惜，乃为天命。

先贤宰子我曰：发后以松，殷人以柏，周人以栗，三代之社。

先贤端木子贡曰：夫子之道，大同圣学，性与天道，行之有则。
先贤言子游曰：文章学识，正直端方，前许大愿，后继扶纲。
先贤仲子路曰：任卫统军，勇于一身，雄心大志，壮烈威名。
先贤冉子有曰：振兴国体，开裕富源，明政清廉，天地自然。
先贤卜子发曰：言则有信，竭尽其诚，识世英杰，能致其身。
先贤有子若曰：君子务本，本立道生，步行步随，不离圣迹。
先贤颛孙子张曰：多言是论，慎言是行，多闻明疑，千禄为尊。
先贤季梅庵曰：大学中庸，详解明言，四书六经，删注全篇。

十二弟子哲士拱揖排列圣前，跟随夫子受困，时遵夫子训言，一日在陈绝粮，万代应享祀典，身服青领道衣，头戴圣门儒冠。耻哉！人心之真假，患难著交情，有酒有肉常来往，一旦有事现明，偶然遇着困难，酒肉朋友远遁，土崩瓦解不相逢，毫无信义半点分。诚哉！君子交与人，诚意实为尊，同心同德始终亲，至死不变忠心，视其人我一体，有功推让于人，不争名利讲信用，道德仁义为本可尊。惟是圣门弟子，教化三千，明道至中，七十二贤，先师高弟，四配为先，述复宗亚，大哉圣贤，夫子周游，俱受困难，一心无二，紧随身边，夫子凤谕，姓名已传，宗哲之像，列奉圣班，一日同患难，万代共享飨，古之明明德，诚者有性天。

今日者，欣在大成圣节于二千五百四十二周年古八月二十七日，丁癸之辰，诚恐诚惶，弟子庶士及苗裔等虔设祭品，诚念圣德，敢昭告殿于四配暨十二哲之尊位前，圣之灵爽，在天上闻，庇佑万姓，仁义偏行，神其有知，未格来歆。

　　　　伏维

　　　尚飨

2. 祭文

大成至圣文宣王先师孔子，暨四配七十二先贤之神位前，曰：惟圣为则，灵爽有格，位共天地，声同日月，聪明睿智，万代洽合，四配十哲，位列殿阁，七十二贤，引道后学，洙泗渊源，杏坛教泽。今逢圣祖诞辰，后裔门生等，沐浴身心，齐祷殿阙，迎神接驾，良辰时刻，向迎坤方。神威显格，心诚有感，神人洽合，齐集殿下，高座圣阁，万民庆幸，四海安乐。谨备菲仪，享我薄酌，佑我后裔门生，人文蔚起，万事称心。神其有知，享我微歆！

伏维

　尚飨

3. 迎牲文

大成至圣文宣王先师孔子之神位前曰：仰惟至圣，道贯古今，德配天地，日月同明，深仁大义，集大而成，千秋万代，浩气长存，礼明乐备，玉振金声，曲阜道高，杏坛教明。自×年来，举行第×次纪念活动，圣祖思想、道德，赢得世界各国尊崇，逢诞辰吉日，设牲恭迎，惟我圣祖，深怀恻隐，见其生，不忍其死，闻其声，不忍食其肉。今乃牺牲既盛，案盛既洁，礼度规范，素有教明，后裔门生敬仰，远离殿庭，兴我俎豆，恢我旧文，虔备牲醴，设奠家庭。圣祖有知，享我薄敬，佑我后裔门生，文风振兴，各业兴旺，万事亨通。敬布祝词，来格来歆！

伏维

　尚飨

4. 祭圣祖文

大成至圣文宣王先师孔子之神位前曰：大哉孔子，至哉孔子，孔子以前无孔子，孔子以后无孔子，先乎孔子者非孔子，无以名，后乎孔子者非孔子，无以法，聪睿智，有一孔子，古今中外无两孔子，万古惟孔子为师，五洲赖孔子大同，大哉孔子，集大而成，至哉孔子，民无能名，德配天地，道贯古今。春秋享祀，黍稷维馨，稽首威仪，来格来歆！

伏维

　尚飨

5. 祭颜子文

维复圣颜子之神位前，曰：复圣颜子质禀涤潘，学精纯粹，处陋空之境乐，著不移，终日传诣，称足以发三月之操，存无间克服归仁，四代之礼乐兼该，行藏与共，履只争一问，入圣域以非遥，行能首冠，诸科绍心，传于不坠，追崇久合昭报攸，至于东鲁，墓前型而不远，用企清修瞻遗庙以优存，式怀令范虔修祀事。惟冀神灵，尚其歆格！

伏维

尚飨

6. 祭曾子文

维宗圣曾子之神位前曰：宗圣曾子，秀毓武城，业宗泗水三省，勤于夙夜，允犹称驾实之功。一贯悟于须臾，仰弥徽真积之久，独授孝经之遗训，用迪临深履薄之修慕，永绵大学之规式，启明德新民之要，衍薪传于勿替以鲁得之，开绝学于无穷，其功大矣，追崇久合，昭报攸宜，至于东鲁，念先型之未远，心切溯泗，瞻故里之非遥。情深仰之，虔修祀事，惟冀神灵，尚其歆格！

伏维

尚飨

7. 祭子思子文

述圣子思子之神位前曰：述圣子思子，派衍尼山教原，泗水绳其祖武，惟天本自家传，慎厥身修，诗礼绍夫庭训，道尊不友，抗颜鲁费之庭，义重为臣，伏节卫齐之境，绍曾传于忠恕三十三章，启孟淑于见闻，百有余岁，追崇自昔，昭报于今，至于东鲁，千秋俎豆，钦述作于一家，数仞宫墙，念后先之同揆。爰修明祀，灵爽式凭，尚其歆格！

伏维

尚飨

8. 祭孟子文

亚圣孟子之神位前曰：亚圣孟子，灵钟邹峰，道赞尼山，母教三迁，德业夙成于早岁，师传一线渊源，私淑诸其人，阐性善养气之精，扩圣人之所未发，述唐虞三代之治，为奕世之所共，由术正学而辟异端，功岂在于禹下，尊王纲而贱霸术，教实秉于孔门。洵宜昭报于千秋，久合道崇于仪载，至于鲁邦钦庙貌，以非遥恍瞻气象，建菽水而时食，式荐馨香，惟冀神灵，尚望歆格！

伏维

尚飨

9. 祭孔子文（沈明永作）

维：

公元二〇〇五年二月，永靖县孔姓后裔、四乡群众，谨以香烛酒礼之仪，致祭于黄河三峡新建孔庙之基地，而奠以文曰：

时惟正月，序属春天。东风料峭，大地回暖。
仰惟先师，教垂万年。道冠古今，与天地参。
德侔元化，中外同感。礼明乐备，教宣杏坛。
万世师表，百代仪范。文化之根，薪火灿烂。
民德归厚，慎终追远。
三峡孔姓，脉衍尼山。始居岭南，宋末来甘。
苗起皋兰，转徙东山。扎根大川，七百余年。
继继绳绳，瓜衍椒繁。诗礼传家，望杏登坛。
代有达人，姓氏无惭。
乾隆年间，始建圣殿。阙里家声，代代相传。
洙泗遥通，龟蒙时显。大河滔滔，声连鲁天。
雾宿巍巍，气接泰山。怎奈西陲，兵火不断。
屡遭楚炬，三毁三建。更遇浩劫，名教失传。
礼教沉浮，沧海桑田。欣逢盛世，筹建新殿。
扩大规模，三殿六院。鸠工庀材，开挖祭奠。
周遭风景，妙不可言。西部水乡，陇上江南。
诗化山水，天造自然。日月悬象，地脉蜿蜒。
河水流转，太极呈显。山峰对峙，石象把关。
岸柳梳垄，荷叶田田。独占名区，圣殿巍然。
自此而后，启后承先。俎豆生光，昭穆森严。
克振箕裘，玄歌不断。
惟冀神州，物阜民安。公平民主，和谐人间。
传统弘扬，道德重建。仁者爱人，与人为善。
淳风寰中，永播人间。圣灵在上，尚其歆鉴。

　　　　　　　　　　　伏维

　　尚飨

刘家峡西北大成殿祭孔仪式（史有东摄）

第五节　非遗——王氏铸艺独绝

永靖县是一块古老的土地，黄河古文化在这里积淀，使之成为非物质文化遗产的富集地。至2018年年底，永靖县共挖掘整理出非物质文化遗产线索163条，国家级非物质文化遗产永靖傩舞戏、古建筑修复技艺、生铁冶铸技艺和省级非物质文化遗产永靖财宝神、河州北乡秧歌等一大批非物质文化保护项目，在这片土地上世代传承、经久不衰。花儿被列为世界非物质文化遗产保护项目，永靖被联合国教科文组织确定为"民歌考察采录基地"。

太极川古城王氏生铁铸造技艺，2014年12月3日国务院列入国家级非物质文化遗产代表性项目名录扩展项目名录。王氏铸艺因其独特的品质，一枝独秀，声名远扬，在全国赢得较高的声誉。其铸造的法器产品遍及全国，近几年已远销到新加坡、美国、日本等国家。

太极川古城村《王氏家谱》记载："王氏始祖王宣、王训二公，本山西平阳府洪洞县来也。某乡失其所考，相传为白土坡王家大村人氏。始

上古城王氏族谱牒（选自《永靖王氏铸造》，甘肃民族出版社 2019 年版）

因大明洪武四年遵奉甘肃督抚差调，铸造浮桥黄河两岸生铁大将军柱而来兰。是年三月到省，秋九月工竣。众匠各遣回籍，只留我祖数人作备计。初居五泉禄家巷，继徙南城角绣河沿，复又徙居河北王保保城。数年后，有他徙者，有物故者。唯王宣、王训二公始移徙治西，离城一百二十里上古城居住，此迁太极川之始由也。我祖住此务农业冶，开创重统遂毕，基于此境，甚嗟其艰矣。"

兰州市兰州铁桥东侧，现立一根将军柱。1982 年 10 月兰州市人民政府立碑。碑文为：

《重竖镇远桥将军柱记》

明初宋国公冯胜始造浮桥，以利军运。用木船廿四艘，浮荡河面，顺架木梁，横铺木板，旁挟红栏，构成浮桥，名曰镇远。两岸竖四大铁柱，以系缆索，俗称"将军柱"。

将军柱有洪武五年宋国公冯胜造和洪武九年卫国公邓愈造，每根重约 10 吨。此柱是圆柱形，长 5.8 米，直径 0.61 米，顶部为出檐式圆锥形，底部连以方座，座厚 0.3 米，宽 0.81 米，长 1.2 米。铭文尚存"大明洪武九年岁次丙辰八月吉日，总兵官卫国公建斯柱于浮桥之南，系缆一百二十丈"字样。

将军柱对于研究明代兰州黄河水上交通和金属铸造工艺等，是一件珍贵实物资料。故甘肃省人民政府再次公布为省级文物保护单位，并拨款重新竖立于黄河之滨。

兰州镇远桥将军柱（史有东摄）

古城村王氏老人口传与史料记载是一致的。现居住在古城村的王大一，生于1942年，15岁在古城村读小学，念了4年，五、六年级在大川村就读，1959年参加临夏州卫生系统培训班，学习中医两年，1961年参加工作，先后在临夏县红台乡、井沟乡卫生院工作，1965年在兰州卫校进修，后来在永靖县王台卫生院工作。他担任永靖县计划生育委员会党支部书记时，我们一起还起草过县委有关计划生育工作方面的材料。王大一是王氏铸造第十七代传人。据他回忆，他们的祖先是兰州镇远桥铁柱铸造者王宣、王训二兄弟，洪武初王宣、王训由山西平阳府白土坡以征调行艺铸冶来到兰州。当时无缝焊接铸造技艺为王氏所独有。此铁柱先后由冯胜、邓愈两位将军监制，所以叫"将军柱"。"将军柱"完工后，王宣、王训居住在兰州五泉山附近的禄家巷一带，后迁至秀河沿，再迁至王保保城，从此以从事小型铸造为生，有时修补铁质器皿，走村串户，先后在兰州市西固区岸门口、陈井镇平川村居住，后来一路西行，到了半个川，定居现在的永靖县太极镇古城村。

王氏铸造浇铸（史有东摄）

王宣、王训后裔定居太极川，据资料反映，主要基于以下几个原因：一是据说当时古城的望族尤家为王氏无偿提供了十八座宅院，使王氏得以安居；二是当时的陕甘总督因王氏铸造有功，恩准王氏垄断甘肃境内铸造业务；三是古城村傍黄河，背靠雾宿山，有大量优质的铸造用沙原料；四古城村是毗邻牧区、藏区，靠近黄河水道，铸器需求旺盛，运输便利。由于天时、地利与人和的共同作用，王氏一族就在古城村一带繁衍。王氏定居太极川以来，仍以冶铸为主。至今，古城王氏人丁已达1500余人。《续修导河县志》第八卷载："铸冶厂，在县西南隅，营业者多系皋兰古城子王姓。"王氏铸造产品的种类主要有：一类是炊具与生活用具。传说王宣十三代孙王建耀，曾为甘肃拉卜楞寺铸造大铜锅一口，此锅能同时招待上千僧众饮茶，舀水的人必须缘梯而上才能够到巨大的锅沿，大锅铸成时，活佛特准王建耀与其共坐，信徒们供奉的银圆装满了半锅。第二类是农具，包括犁、铧，以及水车、水磨、大车的滚轴等。第三类是法器，包括钟、磬、铁狮、铁牛、香炉、千佛塔、铙钹、宝鼎等。王氏十二代孙王化祥在清朝咸丰年间为本县罗家洞寺铸造铁牛一只。

《续修导河县志》载:"罗家洞,铁牛,高三尺五寸,长五尺五寸,咸丰八年造。"第四类是人物造像,包括玉皇大帝、关圣帝君、观世音菩萨等,无不栩栩如生。在生产过程中,他们对产品的定型、火候的把握、铁水成分的判断,全凭眼功和经验,无现代技术手段,显示出超长的技术水平。其产品独一无二,堪称翻砂业的标本。王氏铸造的艺术品,多是仿古制作。如陈列在临夏王尚书(明代兵部尚书王竑)墓园的报国方鼎与兽面纹方座簋,是这方面的代表作,显示了王氏铸造对艺术造型的纵深探索。制作的鼎器,充满了神秘的古文化气息。现陈列于甘肃榆中县金牛生态园的方鼎,规格1.8米×1.25米,总体长方形,四足,在每个足上铸有后天八卦符号,代表四面八方;在鼎的正侧面,饰以不同数目的泡钉,再现了古老的"河图洛书"形象;而在鼎的短侧面,铸有左青龙、右白虎,连同鼎棱角的牛角变形装饰、鼎耳的龙凤纹装饰、鼎内的56字篆体铭文一起,构成了包含传统文化元素又很适宜安放地人文环境的奇美造型。王氏法器的铸造,采用传统翻砂工艺流程,除了最后两道工序,基本不使用现代的仪器和工具。在选料阶段,挑选硬度、纯净度合适,透气性好、颗粒均匀的砂料做模,一切全凭手感判断。内模多选用得天独厚的本地黄河沙,外模则选用沙井驿的粗砂,经筛、选、晾、晒等多道工序备好。冶炼铁水的材料,也经过仔细挑选,他们把收来的废旧铁料敲出断口,凭经验判断料铁的成分,大致以灰口、白口区分,正式熔化浇铸时,根据不同法器的铸造要求,添加辅料,按秘方有响铜、金、银、铅、锡、铝等不同比例的添加。为保证熔液的足够温度,他们选用产自内蒙古的焦炭,选用三节炉和经过特殊耐火材料处理的盛液锅。铁水熔好后,铸造者凭眼力判断铁水的温度,选择合适的浇铸时机。大致上熔液温度控制在1000℃—1300℃,铁液颜色大致呈现白黄、黄、红、深红几个阶段。王氏法器铸造采用一模一铸方式,每件法器都独一无二。铁器铸造原料中制模原料为沙(分河沙、旱沙两种)、木炭灰。其中黄河细沙是王氏翻砂工艺中成功的关键。铸造原料为铸铁(分白口铸铁和灰口铸铁)、铜、铝、铅、锡、金、银等。不同器物所用原料不同,如:铧,用耐磨性强的球磨铸铁,适当加些钢。铜钟,青铜(主料)占70%,锡占3%—5%,还有少量银、铂。磬、铁钟,用白口铁(主料)、钢。铁佛像、香炉、宝鼎,用灰口铁、硅铁。铁锤,用铸铁和锰。铝锅,生铝

60%，熟铝40%。铸件，用灰口铁和锰。艺术品（铜质），黄铜和青铜。化铁原料，早期为木炭，现代为焦炭。彩绘原料一直沿用矿石颜料，其特点是不掉色。传统工艺流程一般为七道工序：设计→制模→合模→化铁→浇筑→抛光打磨→彩绘。

打铁花也是王氏家族世代相传的技艺，永靖王氏传统的"打铁花"有两种方式：一种是以小炼铁炉把生铁烧到1600℃—1700℃高温熔化后，注入事先准备好的"花棒"，用撬棍猛击盛有铁汁的花棒，将铁水打上天空，使铁水四散，形成璀璨绚丽的火树银花；另一种是一人用铁勺把熔化的铁水抛起来，另一个人用泡湿的木铣用力击打铁水，形成铁花四溅的壮观景象。

太极镇艺人"打铁花"表演（史有东摄）

永靖王氏打铁花的用意有三个：一是祈求来年风调雨顺，家业兴旺，寄托增祥瑞、保平安的良好愿望；二是讨个吉利，利用"花"与"发"的谐音，取"打花打花，越打越发"之意，希望生意红火、事业兴旺；三是展示生铁冶炼行业的精湛技艺，娱悦民众，扩大王氏生铁冶铸技艺的影响。铁花艺术一般是春节期间在县城表演。一簇簇绚丽的铁花绽放在刘家峡黄河古道的夜空,让游客和周边群众享受一场视觉盛宴。在优美的音乐声中,第一棒铁花腾空而起,正可谓"花开盛世,春满人间"。紧接着一帆风顺、二龙戏珠、三阳开泰、四季平安、五谷丰登、六六大顺、七星高照、八方来财、久长富贵、事业兴旺……一勺勺滚烫的铁水在王氏生铁冶铸匠人的击打下,化作一朵朵寓意深刻的铁花在新年的夜空中迎风绽放。随即那些铁花变成一颗颗耀眼的星星,从空中坠落,拉出一条条耀眼的金线。当它们飘落到地上,溅起一片片火花,又形成了一簇簇跳动的火苗,让人叹为观止。

太极川"生铁铸造技艺"人才辈出,"生铁铸造技艺"已传承19代,其中明朝58人,清朝45人,民国8人,改革开放以来16人。现存年龄最大的是出生于1933年的王正杰,他是王氏铸造第十六代后裔,现为永靖县太极镇下古城村古典法器铸造厂厂长、甘肃省非物质文化王氏生铁冶铸技艺传承人。"铸古典法器,创千古流芳"是王正杰办厂的宗旨,改革开放以来,王正杰及其儿孙利用传统技术,铸造大型铜、铁质地的古典法器,主要包括钟、磬、碑、匾、佛像、宝塔、宝鼎、香炉、烛台、云板、神牛、神马、神狮、千佛塔等。在兰州五泉山、天水伏羲庙、敦煌千佛洞、甘南拉卜楞寺、西北大成殿及宁夏海宝塔寺、青海昆仑山等寺院庙宇,都可见到该厂生产的宝鼎、钟磬等法器。其中敦煌千佛洞的钟、刘家峡罗家洞的神牛、青海塔尔寺的护摩炉是该厂的精品之作。截至目前,该厂已收到来自全国各地的锦旗和知名人士题名匾额90多面,为甘肃、永靖赢得了铸造盛誉。在王正杰的大力提倡和积极筹备下,王氏铸造企业共同筹资筹建了"王氏铸造陈列馆",搜罗祖传秘制的精品力作,重铸模型,以供展览和收藏,并配有图片、解说词、工艺流程、铸造秘籍。这些模型是传统手工翻砂工艺的典型,又集社会、民俗、宗教、美术等学科为一体的文化载体,为传统手工铸造技艺保存了实物资料。出生于1952年的王业财是王氏铸造第十八代传承人。他从10岁开始学打铁,学铸造。1983年开办了刘家峡乡下古村翻砂厂。他铸造的产品中较为出名的是甘肃省会宁县会师塔的"桃峰圣钟",堪称西北之最。青海省湟中县多巴镇扎麻隆凤凰山的九天玄女宫的九层宝鼎,在《魅力青海》一书中被称为全国第一大宝鼎。2018年5月,国家文化和旅游部认定王业财为国家级非物质文化遗产代表性项目生铁冶铸技艺代表性传承人。

第六节　水电——地利之大观

　　黄河是中华民族的母亲河，千千万中华儿女吸吮着母亲的乳汁长大。同时，黄河又是一条害河，历史上洪水频发，导致下游决口改道，给华北平原的人民带来深重的灾难。1952年10月，毛泽东同志视察黄河，向全国人民发出了"要把黄河的事情办好"的伟大号召。1955年，全国人大一届二次会议通过的《关于根治黄河水害和开发黄河水利的综合规划的决议》，吹响了中华民族根治黄河的战斗号角。国家在黄河上游开始了以水电开发为重点的大工业建设。刘家峡水电站工程被列入全国第一个五年计划追加项目。1955年叶圣陶参观开发黄河规划时兴奋吟诗："拦河之坝四十六，傍崖当峡随宜筑，黄河一路下阶梯，疾徐涨落从约束。或以灌田，或以行船，或发电力百万千瓦，蓄积洪流下游保平安。黄河至此亦欣慰，利民夙愿今始逐，克以其能贡人民，中国巨川庶无愧……"同年，被鲁迅誉为"中国最杰出的抒情诗人"的现代诗人、北京大学一级教授、中国社会科学院外国文学研究所所长、中国作协副主席冯至率全国作家、艺术家西北旅行团前来考察时作《刘家峡之歌》："上流也宽，下流也宽，/黄河在这里挤在两山间，/两山的峭壁直上直下，/壁上的岩石坚又坚。/黄河像一个巨人，在这里囚困了/千万年，摸不到广大的地，/望不见辽远的天。/如今它将要得到解放，/要淹没两边的巉岩，/低头灌溉肥沃的土地，/广阔地照映明朗的天。/它把光明和动力，/通过没有尽头的输电线，/远远地送入大戈壁，/高高地送上祁连山。"

　　1958年10月18日，国家水电部刘家峡水力发电工程局成立。沉寂的峡谷沸腾了，一批批从三门峡、新安江、狮子滩、丰满、官厅等水利水电工地及甘肃省直机关抽调的干部、工人和技术骨干，风尘仆仆，来到了刘家峡。1958年9月27日，刘家峡和盐锅峡同一天开工。历时38个月，于1961年11月18日，盐锅峡水电站第一台机组建成发电，是黄河上游最早发电的水电站，被誉为"黄河上的第一颗明珠"。该工程建设速度之快在我国大中型水电站建设史上至今也少有出其右者，李鹏、钱正英等党和国家领导人称赞盐锅峡是我国高速度建设水电站的典范。

1969年，国家水电部刘家峡水力发电工程局改为水电部第四工程局，从刘家峡、盐锅峡水电站工地抽出一支精干队伍开进盐锅峡下游10多千米的八盘峡。刘家峡水电站1961年国家因调整基建计划暂停施工，1964年复工，1969年3月第一台机组投产发电，1974年年底基本竣工。它是我国自行设计、自行施工安装的当时国内最大的水电工程，在坝高、地下厂房规模、单机容量、超高压输电工程和设备等方面均居当时国内首位，代表着我国20世纪70年代水电建设施工水平。刘家峡水电站的建成，结束了我国没有百万千瓦级水电站的历史，揭开了我国水电发展史上新的一页。八盘峡水电站于1975年发电，1980年全部建成，它是我国在黄河上游水利水电建设中实行大流水作业的成功尝试，为后来在其他流域和河段上进行梯级连续开发积累了经验。中国水电四局在黄河上游永靖县70千米内独立承建刘家峡、盐锅峡、八盘峡水电站，形成了一个三大电站大流水作业的水电大工程，这是中国水电建设史从未见过的奇观。作为骨干工程的刘家峡水电站凭借其重要的战略地位和控制能力，在发电、防洪、灌溉、供水等方面的巨大作用，成为我国水电建设发展史上的里程碑，这是新中国水电事业所写出的辉煌的一笔，是新中国建设事业向前迈进的一个雏形，是古老黄河焕发青春、大放异彩的一个缩影。1993年5月，北京出版社出版的《二十世纪中国大事全书》收入新华社记者1975年2月4日《我国最大的水电站刘家峡水电站顺利建成》文章。这篇文章第一次向全国人民报道了刘家峡水电站的情况："拦河大坝高147米，长840米，水库库容为57亿立方米。大坝下部是发电厂，安装国产大型水轮发电机组五台，总装机容量为122万5000千瓦，年发电量57亿度，比1949年前的旧中国全年发电量还多。"中国水电四局编《光辉的历程》记载：刘家峡左岸导流洞开工时"全工地仅有两把手风钻，其余则是钢钎、大锤、铁锹、架子车和抬筐"。盐锅峡水电站采用了草土围堰，大坝的50万立方米混凝土，全靠人背，架子车推，还有独轮手推车。水电建设者就是靠这些古老、简陋的设备，靠自力更生、艰苦奋斗的精神，创造了征服黄河的壮举。永靖人民为了支援水电站建设，服从国家大局，背井离乡，大规模移民，为国家建设做出了无私的奉献。

刘家峡水电站泄洪（史有东摄）

1971年9月16日，郭沫若作有《满江红·游刘家峡水电站》："成绩辉煌，叹人力真伟大。回忆处，新安鸭绿，都成次亚。自力更生道教导，施工设计凭华夏。使黄河驯服成电流，兆千瓦。/绿水库，高大坝；龙门吊，千钧闸。看奔腾泻水，何殊万马。一艇驰过洮口，千岩壁立疑巫峡。想将来高峡出平湖，更惊讶。"郭沫若的词作，写出了新中国用自己的巨掌一把抹去刘家峡自古以来贫瘠、荒凉景象的伟力。从此，刘家峡这个昔日名不见经传的西北小村镇，从甘肃走向了全国，走向了世界，以其独特的魅力吸引着中外朋友。"刘家峡水电站位于甘肃省永靖县"这十四个字，进入了小学语文课本，20世纪70年代以来，中国接受过小学教育的人，都知道刘家峡这个名字，刘家峡的品牌效应日益凸显。随着刘家峡、盐锅峡、八盘峡三座水电站的相继建成，永靖县境内交通建设发生了巨大的变化，打通了与外部世界的联系通道。国道213线（兰刘路）1957年12月建成通车，国道309线（宜兰路）1982年建成，刘家峡小川东端架设"黄河单跨第一桥"，建成盐锅峡抚河黄河8孔桥、湟水河焦家双曲拱桥。1958—1965年，从兰青路八盘峡火车站接轨，建成了通至刘家峡小川的铁路线，全长49千米，铁路专线直通刘家峡水电站厂房，还续建了盐锅峡化工厂、盐锅峡电厂、刘家峡化肥厂3条支线。水电四局专门成立了铁路分局，专管境内铁路运输。该局当时有蒸汽机车5台、客车箱 6 辆、座位 576 个、货车箱 47 辆。旅游旺季，还开通兰州至刘家峡旅游专列。三大水库蓄水后，在水库上还相继开通了水上航线。

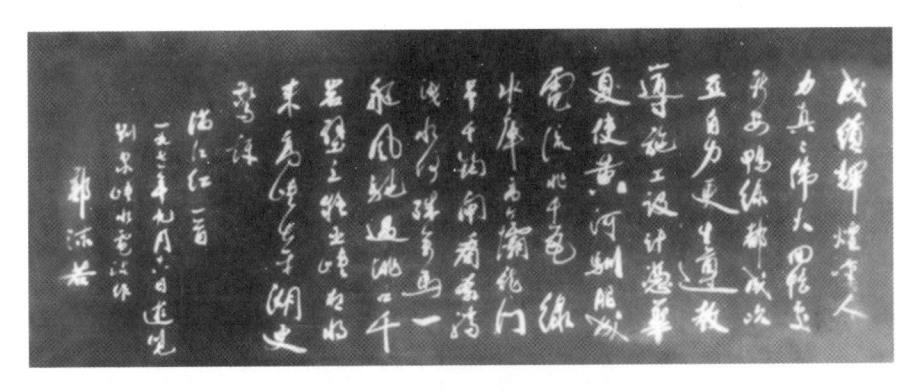

郭沫若《满江红》（史有东摄）

一个县建成三座水电站，全国罕见。刘家峡水电站 1978 年获"全国科学大会奖"，1980 年被国家评为"优质工程"，1982 年获全国科技大会"优质工程银质奖"，1983 年获水利电力部"优质工程奖"。在刘家峡水电站建设和运行过程中，先后有邓小平、胡锦涛、李鹏、朱镕基、李瑞环、温家宝等党和国家领导人来这里考察指导。1968 年，胡锦涛从清华大学来到刘家峡。1968—1969 年，在刘家峡水力发电工程局房建队劳动，1969—1974 年，任水电部第四工程局八一三分局技术员、秘书、机关党总支副书记。1995 年 7 月 12 日时任中共中央政治局常委、书记处书记的胡锦涛同志在视察龙羊峡水电站接见水电四局老同志时讲道："离开四局 20 多年了，和四局的同志度过了 6 年难忘岁月……我们水电队伍有个好传统：艰苦创业、四海为家。我们国家之所以在能源建设上有今天这个局面，与水电建设者的贡献是分不开的，是广大水电工人不畏困难、无私奉献、付出了巨大牺牲，才换来了祖国江河上的一颗颗明珠。"胡锦涛同志在这里所讲的"和四局的同志度过了 6 年难忘岁月"，这 6 年就是在刘家峡、八盘峡度过的。

刘家峡、盐锅峡、八盘峡三座水电站建成后，形成了三大水库。高峡平湖，得天独厚，西北特有。黄河三峡区域虽小，但水资源既丰富又集中，水域面积达 158 平方千米，平均年来水量达 330 亿立方米，人均水资源达到190860立方米，分别高出全国、全省水平68倍、126倍，年引提水量达121立方米，远远高出全省平均水平1.05立方米，人均水面面积达0.64亩。仅水资源一项从总量到人均水平都在全省独占鳌头，这是大自然对本区域的厚爱，母亲河对本区域的恩赐。刘家峡水库库容57亿立方米，水库水面面积130平方千米，最宽处6.5千米，最窄处70米，是西北地区最大的人工径流湖；盐锅峡水库库容2.2亿立方米，面积17.3平方千米；八盘峡水库库容0.49亿立方米，面积11平方千米。这三大水库水位稳、库湾多、水质好、无污染，属国家一类饮用水质。宜鱼水面达18万亩，纯净的河水是多种鱼类生产的理想之地，是水生动物的乐园。这里已是甘肃水产养殖基地之一，也是全国海拔最高的亚高原水上训练基地，是举办龙舟赛事的理想场所。

刘家峡水电站大坝北侧建有黄河水电博览园。这是全国唯一的治水文化主题景区和水电博览中心，也是黄河三峡的地标。黄河水电博览馆是黄河文化的大观园、水电文化的精品展示馆、黄河三峡旅游的总导览。本馆布展总面积8000平方米，以"黄河情·水电魂·中国梦"为主题，运用高科技手段将黄河文化、黄河治理、黄河水电、黄河风光等内容分大河梦·中华源、薪火相传·千秋伟业、九曲安澜·输电摇篮、中国圆梦·锦绣黄河展现给世人。

黄河水电博览园（史有东摄）

2000年5月，黄河三峡风景名胜区被甘肃省人民政府批准为省级风景名胜区，水域面积占景区面积的73.8%。炳灵峡景区位于积石山东乡族保安族撒拉族自治县与永靖县的交汇地带，是刘家峡水库的黄河入水口，峡长约25千米，区域范围包括积石山县柳沟乡等4乡和永靖县小岭乡、王台乡、杨塔乡等乡镇，距永靖县城刘家峡镇约35千米，从刘家峡大坝乘船或沿刘白公路乘车，均可到达景区。刘家峡景区主要景点为炳灵湖水域及其周边湖岸自然风光和人文景观。这里有西北最大的人造高峡湖泊炳灵湖，有佛教名刹白塔寺，还有王震大军抢渡黄河遗址——莲花渡口，有古时候传递信息的坷垞烽火台，有水上休闲度假区永生渔村和治理水土流失的示范基地龙汇世界，还有新建的国家水上皮划艇训练基地。刘家峡水电站，1995年5月被中共甘肃省委命名为全省爱国主义教育基地，2004年7月被列为全国工业旅游示范点。炳灵湖亦称刘家峡水库，东起刘家峡大坝，西至炳灵峡，水域面积130多平方千米。炳灵湖是全国首批对外开放的游览胜地之一，是甘肃省最大的水产养殖基地。盐锅峡景区主要是刘家峡水电站以下太极湖和盐锅峡以下至八盘峡之间的毛公湖及其周边人文、自然景观。这一景区大致包含三个乡级行政区划，即永靖县刘家峡镇、太极镇、盐锅峡镇。这里公路、水路、铁路均通达，交通十分便利。

第七节　县城——秀美而宜居

1929年，永靖县建县时，县治设在莲花堡，始称莲花城。莲花堡，位于河州北乡碱土川东端、大夏河汇入黄河之三角地带，是清光绪二十六年（1900）由河州知州杨增新创筑的。1937年，临夏人徐谔任县长时，毁去南门首"莲花堡"字样，镶砖雕"永靖县"三字。20世纪40年代末，莲花城已粗具规模，成为全县政治、经济、文化和交通的中心。1949年8月23日，永靖县和平解放，王震将军率领的解放大军一部的军部设在莲花城。9月1日和9月18日，永靖县人民政府和中共永靖县委分别在莲花城成立。1958年12月20日，永靖县并入临夏市，莲花城为莲花人民公社驻地，1967年莲花城被刘家峡水库淹没。

1958年国家在安置水库移民时，国务院批准将永靖县城从莲花城迁

古城新区（史有东摄）

往太极川中庄村，安排资金12万元，先期修建了医院、中学、粮食仓库等。后来由于1958年12月12日永靖县和临夏市合并，中庄村的新县城建设就停止了。1961年12月国务院又恢复永靖县建制，甘肃省人民委员会决定，县城驻太极川南刘家峡村，当时借用水电四局的临时工棚办公。1962年12月25日甘肃省人民委员会决定永靖县新驻地设在太极川川北小川。1963年经与水电四局协商，考虑到刘家峡水电站建成后，水电四局将会到别的地方施工，水电四局的建筑财产都会留给地方，大规模高标准建设县城没有必要。随后报经临夏州人委州长办公会议，从移民安置费中安排了43.5万元，在小川川中路最西段修建了砖木结构的平房160间，建筑面积2400平方米。县城第一轮总体规划于1985年由省建设厅批准，将县城定性为以水电、化肥工业为主，发展水产养殖及旅游事业的现代化城镇。1985年，笔者参加工作时，新县城刘家峡已粗具规模，县城主街道川中路2000米自东向西两边布满了大企业和县直单位。东面是刘家峡水电厂办公楼及家属区，中间为中国水电四局生活基地和水工厂，大十字为县商业、供销大楼，小十字为人民银行、四局职工医院，最西面为县里四大班子办公区。县里办公区共6个四合院和一栋小楼（县档案馆），四合院东面拐角为政法楼。20世纪90年代初县机关办公用房非常紧张，几平方米的办公室挤进4—5人办公。为了解决机关办公紧张问题，1991年10月县里在原县委四合院旧址动工修建了近万平方米的统办大楼。

1987年1月县委办公室工作人员在县委大院与县委领导合影（二排右四为陈贵辉）

20世纪末，县城加快了建设步伐。建成了沿小川黄河北岸县城招待所至刘电厂门前带形滨河公园。北滨河路建成1500米的绿化带，南北两山、鹦鸽嘴、河南山头、古城等处种植树木3.36万株，建成花坛13处。1999年，开通了县城1、2、3路公交车，有通行车辆45辆，到2005年县城城区由1986年的11.58平方千米增加到46.4平方千米。县城公共绿化面积达20万平方米，覆盖率为17.5%，人均绿地面积5.5平方米。城区各道路共栽植树木4万多株，建成绿化带约1.5万平方米，草坪1.3万平方米。川北、川中、川南路两旁主要栽植侧柏、白榆、冬青组成绿化带；环湖路以垂柳、雪松、侧柏、法国梧桐为主的风景观赏树；县城到八卦岛约 1000 米的道路两旁建成各 1.5 米宽，以月季为主的鲜花灌木林带。

1991 年 10 月动工修建的县统办大楼（史有东摄）

川南太极文化广场，四周垂柳环抱，道路林带花坛栽植常绿雪松和冬青，南滨河路建成 2—6 米宽的绿地，栽植法国梧桐、垂柳、龙柏、爬地柏等风景树，在南滨河路、川中路绿化带中栽植黄杨、红叶小檗等苗木 6 万余株。还建成了龙汇世界，大搞义务植树活动，开展了以造林绿化为主的生态环境综合治理活动，先后修通 10 千米的标准公路 1 条，完成整地工程 1.2 万亩，绿化 1 万亩，栽植松树、红柳、刺槐等各种苗木 10 万余株，建成上水工程 10 处，架设高压线路 5 千米。2000 年 4 月，共青团中央和《读者》杂志社共同发起了"保护母亲河、共建读者林"工程，永靖县建成"读者林"纪念广场 1 处，纪念碑 1 通，一次性完成植树 1.5 万亩。以后每年都有国内外大学生志愿者到这里义务植树。这里还建成了"三八林"和"拥军林"，建成仿古式大门 2 座，修建仿古观景亭 6 座，修建豪华宾馆 2 幢，游泳池、射击馆、高产自动化温室花卉园动物园等。特别是修建的五层八角仿古黄河楼，居高临下，登楼远望，刘家峡大坝、二龙戏珠、高峡平湖、县城全貌和黄河西流的太极图等壮观景象，尽收眼底。夜晚的黄河楼轮廓彩灯色彩斑斓，仿佛"空中楼阁"。

川南太极文化广场之夜（史有东摄）

21世纪初，中国水电四局决定将刘家峡镇小川建为其永久性生活基地。鉴于小川居住人口已经很多，面积狭小，县城承受力接近饱和，县委、县政府审时度势，决定重建永靖县城。2011年永靖县县城从小川迁至古城村，设立古城新区。新县城的发展定位是黄河上游宜居、宜游的山水生态型城市、黄河明珠城市，融入兰州一小时都市圈，打造成兰州的"后花园"，发展布局是"一河两岸三片区，突出旅游城市特色，高标准建设集行政、商务、旅游、休闲等功能为一体的新城区"。已建成四横六纵的路网，配套完成了天然气、给排水、雨污水、路灯等基础工程。现如今在太极川黄河岸边一座现代化的新型县城拔地而起，依山傍水，风景如画，现代建筑与迷人的自然风光融为一体。建筑群自东向西从上古城村开始向中庄村延伸。双向六车道中央大道——太极中路贯穿全城，两侧的太极南北两条大道及滨河路连通老区与外界。十字路连通古城村和折达路，跨越黄河。十字街是新区的中心和繁华地带，县委、县政府坐落于东北角，前面是体育中心和广场公园，再往前，兰州沿黄河快速通道连接滨河公路。水乡中学、移民小学、太极幼儿园坐落于如意公园十字东南。十字街西侧主要是商业购物、宾馆饭店及生活服务区。县医院、中医院、太极中心、青少年活动中心、福门大酒店、馨海源大酒店、公航旅接待中心、商业步行一条街、华联等大型超市、购物中心分布在十字西南,新区居民住宅小区全部都是现代化的高层楼宇,小区内建筑规划得当,布局合理,楼层阳光充足,视野开阔。天然气、停车场、老年活动中心、绿化、庭院等公共生活服务设施健全完善。已形成令牌、在水一方、润泽、景秀、广厦、金融等十多个功能完善的生活小区。街道宽阔整洁,绿树成荫。绿化、亮化点缀着县城,清洁能源的公交车四通八达,人们出行便捷,购物方便,出门就是花草,迈步就是公园,令人心情愉悦。2018年新区获省级园林城市称号。

太极岛芦苇荡(史有东摄)

古城新区建成21条道路,东西向9条,南北向12条,以东西向的太极中路为轴心,向北依次为太极北路、古城路、惠民路、刘化路、吧咪路、富山路,向南依次为炳灵路、太极南路。南北向道路为春明路,北起富山路,南接折达路黄河大桥入口,以春明路为轴心,向东依次为多福路、太极东路、英贤路、永安路,向西依次为多旺路、太极西路、锦山路、心一路、三峡路、枣园路、恐龙路。县城以当地名人命名的路值得一提,"锦山路"得名于罗锦山,"心一路"得名于张心一,"英贤路"得名于朵英贤,"多富路"得名于范多富,"多旺路"得名于范多旺。

现将这几位名人介绍如下：

罗锦山（1828—1919），原名龙成，字太卿，男，汉族，生于1828年，现永靖县刘家峡镇罗川村人。清咸丰壬子科岁贡生。幼时家境贫寒，喜书法，好学上进，才华出众。清咸丰二年（1852），年仅24岁，考中贡生。此后，为获更大功名，积极参加科举考试，第一次只因试卷上落有一点墨污，未能中选。第二次，由于他对监考官在太师椅上跷起二郎腿、闭目养神的丑态不满，竟在试卷上借题发挥，进行嘲讽，被斥为抗上不恭，不予录取。科举不中，功名不就，在家授徒，苦练书法，其字刚劲有力，结构严谨，造诣很深。他写的鹅、虎、龙、凤等字及四屏条幅等，广为流传，专于堂屋悬挂。尤以鹅字更为珍贵，传有扶正压邪作用。其字在清末民初，不仅遍及河州各县，且流传西北各省，甚得书法爱好者的称赞。他还善绘画，名画"麻姑仙四扇屏"，亦很珍稀，相传，在河州授课时亦有吟咏。卒于1919年，享年91岁。

张心一（1897—1992），原名继忠，现永靖县盐锅峡镇抚河村人。是我国著名的农业经济学家。少时家境贫寒，7岁入私塾，13岁考入兰州中学，17岁以官费考取北平清华学校。1922年毕业后，旋赴美国艾奥瓦州攻读农学，后入美国康奈尔大学经济系深造，获经济学硕士学位。1926年回国后，历任金陵大学教授兼农业推广系主任、国民党立法院统计处农业统计科科长、国防委员会和考试委员会特别委员、中国银行农村贷款主任、甘肃省政府委员兼建设厅厅长等职。新中国成立以后，历任中央财经委员会计划局农业计划处处长，农业部土地利用局副局长，中国农学会专职副理事长、第三顾问，中国水土保持学会名誉理事，中国土地学会名誉理事长。1990年被国际农业经济学会选为终身会员。1932—1933年，他在国内首次利用现代经济学方法，深入甘肃、青海、广西等省调查土地、人口、生产、生活等状况，撰写发表《中国农业概况估计》等论文，曾被国际上称为"张心一数学"而加以引用。1940—1946年任甘肃省政府委员兼建设厅厅长时，创办水利林牧公司，筹资兴办农、林、水、工矿、交通等几十个建设项目。其中鸳鸯池水库是当时全国最大的第一个土坝水库，扩大几十万亩水地，解决了酒泉、金塔两县多年的水利纷争；修建的长25千米多、灌地万余亩的湟惠渠，使灌区农民至今受益；在兰州徐家山首创种草种树，总结"以旱治旱"的治理水土流失经验，并在洮河上游建立采伐适量、保存水源的示范林场。他是甘肃省荒山造林和水土保持工作的奠基人。1942—1947年，他在永靖县白塔寺川修建的长25.02千米、浇地1.18万亩的永丰渠，在被刘家峡水库淹没前一直发挥效益。1944年他托付同学、美国副总统华莱士访问兰州时，带来92种牧草种子和美国"密露"甜瓜种子。经他主持试种推广，"草木樨"以抗旱耐寒扎根大西北，"密露"更名为"华莱士"，后改为"白兰瓜"，成为兰州饮誉国内外的特产。同时，在盐锅峡马家湾村捐资筹建抚河小学。他积极支持著名新西兰籍友人路易·艾黎先生来华办学，并由他兼任培黎学校名誉校长，培养了一批技术人才。他在农、林、牧、水利等科技领域，为中央提供许多科学决策资料。1951年按陈云要求，收集与中国农业有关的古今中外资料，送陈云研究。中共中央此后提出的"提高单位面积产量"决策，就是陈云依据其资料研究结果决定的。为此，他被陈云称为"这方面的权威"。一些外国专家断言，在北纬23°以上地区种植橡胶无望。他不迷信国外"权威"，建议在广东、广西、云南试种成功，结束了我国不产橡胶的历史。1952年，他来甘肃天水、庆阳和陕西延安、绥德、榆林等地视察水土流失情况后，撰写《保持水土，发展农业生产》的报告，由农业部印发各省参考。他两次参加黄河水利资源调查，为盐锅峡、刘家峡、八盘峡等地的开发利用，付出巨大努力。他曾为福建、广东、广西等省区推广绿肥，长江流域水稻增产出力；并撰写《进一步发展绿肥作物》文章，在《红旗》杂志发表，使绿肥得以推广发展。1985年，张心一以88岁高龄只身来兰，参加干旱造林论证会，并赴河西走廊和定西12个县、市考察。1987年，中国农学会在庆祝建会70周年之际，决定表彰张心一等两位适逢90寿辰的农业科学家，中国土地学会编印《张心一纪念集》，载有中国农学会、中国土地学会的贺词，何康、杨显东、艾黎、梁实秋、孙晓村等的题词、书信和纪念文章15篇、传记2篇，张心一文选15篇。盛赞张心一热爱祖国，热爱科学，热爱农业，热爱乡土；为人正直，赤诚待人，严格律己，廉洁自持，言行一致，刚正不阿，勤劳朴实；致力农业科学，奉献终生，高风亮节，风范长存。张心一自幼饱尝困苦，勤奋好学。在兰州上学时，因长期坚持在路灯下苦学英语，曾感动一英国人课余专门为他讲授。赴清华上学时，坚持步行，间或搭乘火车至河南渑池县。入清华复试，因英语不及格校方不收时，他据理力争，允"半年试读"后入学。在清华除学好专业课外，还在课外阅读大量中外书籍，坚定学农目标，献身祖国农业。他致力于事业，常为人民着想，从不计较个人得失。在民国时，香港的中国银行总管处按港币时价给他汇工资，要比国币工资高好几倍，但他只领原工资部分，其余交金陵大学设"张心一奖学金"。任甘肃建设厅长时，兼职所得收入均由出纳保存，至离任时除作全体职工餐费外，全部捐赠省立第一中学。凡带物登门"求助"均被拒绝；上、下班时骑自行车；外出察访，从不提前打招呼，并轻车简从，甚至独身一人，忌讳公吃公喝。晚年长居北京，只有4间住房，比较拥挤，他却说："这样就很好了"。性格开朗，练达乐观，古稀之年三次做癌症手术，均安然无恙，出院即去上班。退休后让同事为其留一办公桌，若有工作仍去办公。1985年夏虽已"米寿"高龄，可他依然飞往美国，参加艾奥瓦州大学毕业60周年同级重聚纪念会；农林科技界赞扬他是我国农业科学工作者的"楷模"和"榜样"。1992年3月，病逝于北京，享年96岁，撒骨灰于兰州徐家山的侧柏、红柳林内，常伴青山绿水。

朵英贤（1932—），永靖县盐锅峡镇抚河村人。曾就读于抚河小学、兰州志果中学（现兰州二中）、西北师范学院附中高中部，1956年毕业于北京工业学院（现北京理工大学）自动武器专业。1956—1972年在北京工业学院和太原机械学院（现中北大学）任教，任讲师。1973—1979年在甘肃省电影机械厂和兰州油泵油嘴厂工作，任工程师。1980年以后在兵器工业部208所工作。曾任中国兵工学会第二、第三届常务理事，第四届荣誉理事；轻武器专业委员会第二、第三届副主任委员；国防优秀图书基金第一、第二、第三届评审委员；国家机械工业委员会枪炮专业教学指导委员会委员；大型武器系统CAD指挥部副总指挥（负责轻武器CAD技术）；轻武器预演专业组组长；南京理工大学兼职教授、博导。现为我国轻武器著名专家，自动武器学科带头人之一。1999年12月当选为中国工程院院士。2001年1月受聘为中国兵器装备研究院科技顾问。朵英贤为技术负责人，研制成功1967年式轻重两用机枪。该产品取代1953年式重机枪、1957年式重机枪及1958年式两用机枪，至今仍是中国人民解放军步兵主要的轻型压制武器，获全国科学大会奖；以他为总设计师，研制成功1995年式班用枪组系统。《人民日报》撰文描述它与国内外的同类产品相比，体积最小、重量最轻、直射距离最远、威力最大。它的研制成功，表明我国轻武器发展已居世界先进水平，获兵器工业特等奖、国家级科技进步一等奖。该系统已于 1997 年 1 月装备驻港部队，并将陆续装备全军，是中国人民解放军新一代步兵班主战武器。取代了 1956 年式冲锋枪、1956 年式轻机枪及 1981 年式枪族。他还曾研制成功 1987 年 A 式自动步枪，获兵器工业二等奖；发明大底缘弹一次进膛机构，获云南省发明一等奖；发明小型柴油机通用喷油器总成，获甘肃省科学大会奖。主编《兵器科学技术词典》轻武器分册，获兵器工业一等奖；为《螺旋弹簧优化设计方法"2、5"法》唯一发明人；著《工程中的纵向振动》，合著《自动武器设计新编》等；获国家"八九一〇"工程三等功和国家"九七六"工程奖励，获政府特殊津贴。

范多富（1937—），男，汉族，永靖县陈井镇仁和村人，中共党员，高级经济师。1957 年 9 月，毕业于兰州工业学校（兰州理工大学前身），毕业后分配到湖南湘潭电机厂工作，在湖南完成了大学学业。到湘潭电机厂后，从事企业的产品设计和技术管理工作，历任车间技术员、团支书、工会主席、厂党委干事、党办副主任。1976 年被湖南省委任命为湘潭电机厂党委副书记（副厅级），1980—1990 年由中组部和机械工业部任命为湘潭电机厂代厂长、厂长、党委书记（正厅级）。在担任厂长期间因经营管理成果突出，开发出了一大批重大新产品，如 108t 电动轮矿用大车及挖掘机等，受到国务院表彰，并评为国家科技成果一等奖、质量金奖。1987 年被全国总工会授予全国五一劳动奖章，1989 年被评为湖南省特等劳动模范及全国劳动模范，受到邓小平、江泽民等党和国家领导人的接见。1990—1995 年调任湘潭市市长、市委书记兼人大常委会主任。1996 年当选为湖南省政协副主席。2002 年退休。

范多旺（1955—），男，汉族，永靖县陈井镇木场村董家沟人，中共党员。曾任国家绿色镀膜技术与装备工程技术研究中心主任，光电技术与智能控制教育部重点实验室主任，甘肃省特聘科技专家，兰州市科技功臣，甘肃工业交通自动化工程技术研究中心常务副主任，甘肃省高原交通信息工程及控制重点实验室主任等职。兰州交通大学"交通信息工程及控制"学科责任教授，博士生导师，中国自动化学会理事，兰州大成自动化工程有限公司法人代表、总经理。范多旺在二十几年的科研创新工作中共完成了各种科研项目 30 余项，主持承担国家级项目 10 项。2005 年获"第二届中国科协西部开发突出贡献奖"，2006 年获"兰州市科技功臣奖"；先后被评为"全国优秀科技工作者""全国高等学校优秀骨干教师""铁道部有突出贡献的中青年科技专家""甘肃省劳动模范""新长征突击手""甘肃省十五期间十大杰出人才""甘肃省十大杰出青年""兰州市先进科技工作者"。1992 年开始享受国务院特殊津贴，1998 年获全国"五一劳动奖章"。

黄河三峡湿地（史有东摄）

新县城两岸是著名的甘肃永靖黄河三峡湿地，为甘肃省 8 个湿地自然保护区之一，太极岛总面积 4000 亩，岛上芦苇有千亩之多，分布着大小岛屿、浅滩和沼泽，其面积之大、风韵之别致在北方干旱地区十分罕见。太极湖中有大小岛屿 9 个。岛上芦苇丛生，栖息着天鹅、灰鹅等 38 种 2 万多只候鸟，是甘肃省著名的鸟岛。1995 年 1 月被省政府列为甘肃黄河三峡湿地自然保护区。太极岛是黄河三峡湿地主要组成部分，位于太极湖北岸，岛上碧水如镜，苇花如织，荷叶片片，枣林蓊郁，稻菽起浪，银鲤跃波，红鸥翔集，构成一幅美不胜收的风景画卷。太极岛上有 5 座仿古建筑观光亭，有两处码头供游船停渡；有一处水产养殖园，生产甲鱼、鲤鱼、虾等 20 多种水产品，供游人品尝。每到荷花、芦苇盛开的夏秋之交，芦花扬絮，芙蓉飘香，整个太极岛沸沸扬扬，芬芳四溢。在大川养殖场，甘肃省渔业技术推广总站刘家峡基地利用地处黄河三峡湿地自然保护区的有利条件，发展旅游观光型渔业，建造荷花大观园。基地于2003、2004年从河北白洋淀引进147个品种的荷花和"玛珊姑娘""洛桑""日出"等睡莲精品，在大川养殖场400多亩的水面进行大面积栽植。17个荷塘互通船道，水流畅通，荷塘与荷塘连成一片。荷塘里套养了草鱼、鲤鱼、鲢鱼等不同品种的鱼苗，形成了"水下养鱼、水中栽荷、水上观荷、岸边垂钓"的立体种养模式。这里已形成西北地区最大的荷花大观园。兰州许多婚纱影楼将其作为拍摄基地，以荷塘为背景留下对对伉俪倩影。荷花大观园已成为黄河三峡风景区的又一大亮点，成为一处集旅游、休闲、钓鱼及荷花深加工、特色服务等多功能于一体的度假胜地。在太极岛湿地尽头，是一片背靠青山的枣林。枣林深处，有一处占地130多亩的别墅群落，这就是"枣园新村"，是太极湖畔的一大园林区和度假胜地。枣园新村有农家小院30处，四合院组合，院院不同，建筑风格各异，民俗风味厚重。诸如"荷花亭""朝霞亭""稻香村"等。有中国古典式建筑，有欧式风格，亭台楼阁，若隐若现，院与院之间，错落有致，曲径通幽，院中有院，前后相隔，更显得幽雅别致，院内院外，枣林密布，枝叶交错。夏天于枣树下乘凉，或对弈布阵，或品茗酌酒，都是一种清静的享受。红枣成熟季节，鲜红的大枣像一串串珍珠玛瑙缀满枝头，游人可随手摘尝，大饱口福。登临枣园新村背后"月牙山"上的小亭，鸟瞰太极湖全景，脚下生风，飘然若仙。湖上游艇飞驰，岛上游车缓缓驰过，与太极岛优美的自然风景共同组成一幅多姿多彩、静中有动的立体山水画卷。太极湖大川与河对岸白川村中间有太极鸟岛，岛上百鸟翔集，每年来这里栖息的有天鹅、灰鹤、白鸽、丹顶鹤等鸟类38种2万余只。

黄河三峡已成为甘肃省十大王牌景区之一，永靖县由此跻身"中国县域旅游百强县"行列，被列为"全国休闲农业与乡村旅游示范县"。2018年荣登"畅游中国100城"和"2018年中国最美县域"榜单，并成为2018年全国20个最适合居家养老的城市之一。

太极岛荷花塘（史有东摄）

第八节 社火——丰富而多彩

太极川的社火历史悠久，这里的人们有春节玩社火的习俗。每年腊月二十三过后，群众都会自发组织，选出会首，筹措经费，添置道具，指派身子（社火角色），为闹社火做准备。正月初二，"社火出窝"，串村庄表演，去县城表演，有的年份，还要去州府临夏市、省城兰州市表演。到正月十五、十六到本庄各个巷道巡游一轮，然后到十字路上卸装，并将社火纸货就地焚毁，服饰和道具入库。

太极川黄河两岸社火截然不同，各有特色。川北社火是兰州风格，以仪仗队、"春官"为先导，兰州太平鼓表演为主体。2006年5月20日，兰州太平鼓被列入第一批国家级非物质文化遗产名录。太平鼓，鼓形如圆筒，鼓帮木制，鼓面蒙以厚实的牛皮。鼓身长0.7米至0.8米，直径0.35米至0.4米，重约5公斤，鼓内纸裱糊，诸面瓦渣粉泛模，两根拉簧交叉，系以铜铃。鼓身外表白布缠裹涂以油漆，多为黑红相兼，绘以泥金饰狮子滚绣球、牡丹、龙凤等图案，鼓面中心绘太极八卦图案，鼓头边缘分别用"富贵不断头"花边装饰，鼓帮两头钉铁环二，以拴绑背带。背带细长，斜挎肩上，鼓至于膝之下。有"单鞭""双鞭""一槌鼓""高起鼓"等。服饰有传统古式装，白汗褐、青布背夹、灯笼裤、麻鞋、青丝带，头插黄表花，戴墨镜，身背龙凤旗，左手持马鞭或鼓花，

古城村太平鼓（史有东摄）

右手握鼓条。如今亦有古今结合的装束，然仍不脱离传统之古饰，鼓队由大旗队为前导，后随锣钹等铜器伴奏，几十乃至数百筒太平鼓尾随其后。表演时以"压鼓旗"手为总指挥，锣钹击节，鼓身飞舞，三者起落有序，声乐雷鸣，配合默契，整齐划一。击鼓动作幅度大，力度强，讲究跳、跃、翻、骑、闪、展、腾、挪，"时而天，忽而地"，骑鼓两头，前打后击。基本动作有"跳打""蹲打""骑打""翻身打""举打"等，鼓手以左手扣鼓环驾驭鼓身，使其随节奏在翻转中受击，右手挥鞭前后左右击鼓面。扬鞭为"白"，出手为"黑"，取阳中有阴、阴中有阳，阴阳平衡，万物生长之意。身法分为"白马分鬃""鹞子翻身""弯弓射雕""策马扬鞭""力劈华山"等。传统阵法有"一字长蛇阵""二龙戏珠阵""天地人才阵""三阳开泰阵""四门兜底阵""五形阵""六合阵""七星阵""八卦阵""九宫阵""十面埋伏阵"。即"二龙出水破四门七招九式，三阳开泰迎五福六合八卦"。20世纪80年代后期将古代阵法和现代舞蹈结合，新创了"普天同庆""两军对垒""金龙较尾""黄河激浪""五福临门""万众欢腾""鹰击长空"等。服饰亦趋于华丽，既有全套古典式武生戏装，亦有反映时代气息的新式彩服。太平鼓点传统的有"三七点""四六点""一串铃"，现发展得更为欢快紧凑，高昂激情。奏完一个套路的间歇，有伴唱太平歌之俗。有单唱、双唱、对唱多种形式。唱词古今兼有，亦可即兴作词演唱，妙趣横生。

川南社火是河州风格，"财宝神"是社火队的先行官。"财宝神"被列为省级非物质文化遗产保护项目。"财宝神"由毛老僧、掌灯官和钹鼓手组成，扮演者反穿皮袄，怀揣宝物，手拿鸡毛掸子，财宝神在前面唱，秧歌在后面舞，财宝神之后就是"杨林夺牌"太傅，桶子鼓背至小腿，鼓槌是硬鼓槌，鼓点子是三声鼓。传说，财宝神是汉朝苏武之子，当年苏武奉使于北番，被单于迫害于北海，使其在荒野里牧羊，在荒天野地里渴饮雪、饥吞毡地度过了19个春秋。在这荒无人烟的野滩里，无处栖身，苏武便长期和母猩猩共同生活，猩猩生下了类似人形而身上长毛、善通人意尚能说人话的一男一女，男儿名叫苏金，女儿名叫苏玉。以后苏武奉诏还朝。猩猩母子一直盼望苏武派人来接，结果杳无音讯。母猩猩便一手携子，一膊夹女，得到仙人的辅助，脚底生云，把苏金、苏玉从云端里送到汉朝京城，抛到皇帝的金殿之中。汉朝皇帝及文武公卿一见满身长毛、口吐人语的怪物，无不为之惊骇。皇帝立即下令将此男此女用金殿上的大钟扣住，不让人们看，以免丢人现眼，苏金、苏玉在断绝食物的情况下，不久便命丧黄泉。未见其父，因而阴魂不散，魂魄大闹汉朝皇室宫廷，或托梦于汉皇，或闹鬼于内廷，皇室内外，不得安宁。汉皇在无奈之中，求计于群臣，最后赐封苏金为普天之下万民敬奉的财宝神，使之云游各地、施财散宝、济救生灵。财宝神唱词中有："汉使苏武到番邦，猩猩洞里把身藏。""北海里牧羊十九春，猩猩洞里把身容。""金钟扣死小儿童，冤魂不散闹国宫。""汉刘王封下的舍财神，普天之下救众生。""上无兄来下无弟，只有一妹是苏玉。"演唱财宝神的人，必须反穿皮袄，露毛于外，表示就是猩猩所生的苏金。还一个传说，汉朝"昭君和番"前已有身孕，而且未出世的孩子已被汉王取名刘玉龙，但因和番路上行走艰难身寒腹困不幸小产，昭君用羊皮覆盖其身。而孩子夭折后阴魂不散，闹得国中上下不得安宁，无奈之下，汉王和单于设坛祭神，封刘玉龙为财宝神，受普天之下的香灯。财宝神的唱词多是歌唱历史上人们崇敬的历史人物的业绩，主要来源于《苏武牧羊》《昭君和番》《三国演义》《隋唐演义》《封神演义》《东周列国志》等。

财宝神（史有东摄）

　　川北人逢年过节有唱秦腔的习惯。据说，秦腔是古城村的王氏带来的，村上有一批秦腔爱好者，民国时出了个有名的秦腔把式王寿山。县秦剧团演员中古城村的人就占到了三分之一。永靖县秦剧团，成立于1979年12月。秦剧团建立之初，采用"请进来派出去"办法，培训演职人员。1981年春开始在县城、农村试演。至1985年，先后排演《五典坡》《游龟山》《铡美案》《十五贯》等15出秦剧传统本戏，排演新编历史古装秦剧《湖阳公主》《状元与乞丐》等8出本戏，排演秦剧《黄第楼》《哭祖庙》《祭灵》等15出折子戏。秦腔是中国汉族最古老的戏剧之一，起于西周，源于西府［核心地区是陕西省宝鸡市的岐山（西岐）与凤翔（雍城）］，成熟于秦。秦腔又称乱弹，流行于中国西北的陕西、甘肃、青海、宁夏、新疆等地，其中以宝鸡的西府秦腔口音最为古老，保留了较多古老发音。2006年5月20日，经国务院批准列入第一批国家级非物质文化遗产名录。秦腔的艺术特点主要有5个。一是唱腔分板式和彩腔两部分，每个部分均由"苦音"和"欢音"（又称花音）两种声腔体系组成。苦音腔是秦腔区别于其他剧种最具特色的一种唱腔，演唱时激越、悲壮、深沉、高亢，表现出悲愤、痛恨、怀念、凄凉的感情。欢音腔则欢快、明朗、刚健，擅长表现喜悦、愉快的感情。秦腔板式分为一板三眼、一板一眼、有板无眼和无板无眼四种。板腔称谓有慢板、拦头板、一锤安板、阴司板、二六板、拉锤二六板、带板、尖板、滚板、二导板、双锤板等。总归称是六大板头、慢板、带板、垫板、二导板和滚板。秦腔曲牌分为弦索类、击乐类、唢呐类、笙管类、海笛类、套曲类共6种。早期乐队分文、武两部6人。二是角色有"十三门二十八类"之说。老生分安工老生、衰派老生、靠把老生，须生分王帽须生、靠把须生、纱帽须生、道袍须生和红生，小生分雉尾生、纱帽生、贫生、武生、幼生，老旦正旦分挽袖青衣、蟒带青衣，小旦分闺门旦、刀马旦，花旦分玩笑旦、泼辣旦、武旦、媒旦、大净、毛净，丑分大丑、小丑、武丑。各门角色都有独特的风格和拿手戏。演唱时须生、青衣、老生、老旦、花脸多角重唱，所以也叫"唱乱弹"。有人赞美秦腔"繁音激楚，热耳酸心，使人血气为之动荡"。其表演技艺质朴、粗犷、细腻、深刻、优美，以情动人，富有夸张性，生活气息浓厚，程式严谨，技巧丰富。身段和特技有趟马、拉架子、吐火、吹火、喷火、担子功、梢子功、翎子功、水袖功、扇子功、鞭扫灯花、顶灯、咬牙、耍火棍、跌扑、髯口、跷工、獠牙、帽翅功等。三是脸谱讲究庄重、大方、干净、生动和美观，颜色以三原色为主，间色为副，平涂为主，烘托为副，极少用过渡色，在显示人物性格上，表现为红忠、黑直、粉奸的特点，格调主要表现为

大川村唱秦腔（史有东摄）

线条粗犷，笔调豪放，着色鲜明，对比强烈，浓眉大眼，图案壮丽，寓意明朗，性格突出，格调"火爆"，和音乐、表演的风格一致。四是题材，传统剧目大多出自民间文人之手，主要反映历史事件的悲剧、正剧和民间生活、婚姻爱情。五是唱词，其结构是齐言体，常见的有七字句和十字句，也就是整出戏词如同一首七言无韵诗一样排列。

川南人有唱花儿的习惯，重大节日经常举办花儿会，比较大型的花儿会有罗家洞庙会。

花儿歌手大奖赛现场（史有东摄）

河州花儿源远流长，已入选国家、联合国《非物质文化遗产名录》，受到国内外文化学术界瞩目。有关河州花儿的早期诗文首先出现在大夏河畔，首次明确记载"花儿"之名称是在明朝成化六年（1470）任河州儒学教授的高弘在游历河州北乡时所作《古鄯行吟》："青柳垂丝夹野塘，农夫村女锄田忙。轻鞭一挥芳径去，漫闻花儿断续长。"现在"花儿学"研究者的认识已逐渐趋于一致，认为河州花儿来源于古代西羌人的羌歌和羌族乐舞。河州花儿流传着上百个曲令，在北乡花儿中具有代表性的有河州大令一、二、三，河州二令一、二、三、四，河州三令一、二、三、四、五，永靖直令，三闪直令，盘山直令，尕妹妹令一、二，尕阿姐令一、二，清水令，吴屯令，保安令一、二，白牡丹令，水红花令一、二、三、四，二梅花令，金盏花令，小六莲令，山丹花令，红花姐令，尕姑舅令，尕连手令，三花嫂令，尕阿哥令，脚户令，尕马儿令，三起三落令，绕三饶令，仓啷啷令，咿呀咿令，欧啊欧令，三闪令，二啦啦令，杨柳青令等。其中流行最广泛的为尕马儿令、河州三令、脚户令、尕妹妹令、尕姑舅令等。花儿唱词优美生动，别具风韵，令人手不释卷，百听不厌。描写女性美、忠贞情、相思苦、爱慕心等多采用赋、比、兴的创作手法。"赋"是花儿中常见的写作手法。花儿中的赋直接用来写景、叙事、言志、抒情。赋的语言精练、集中、概括力极强。"比"是花儿中构成形象思维的重要部分。如"园子里长的是绿韭菜，风吹是两下里摆开；尕手尕脚的端身材，走路是尕手儿甩开"。"兴"有开首起兴。如"黄河的水涨了三丈三，水淹了河边的栏杆；没见的尕妹又见了，心上的疙瘩们散了"。还有夸张、对偶、排比、反复、复叠、借代、反问、设问等修辞手法的综合运用，广泛表现在花儿歌词中，达到了意想不到的效果。如"远看黄河一条线，近看黄河是海边；远看尕妹是藏金莲，近看尕妹是牡丹"中比喻、夸张、对偶、反复等修辞手法的应用，把心上人的美丽展现出来，言简意赅。北乡花儿的格律奇特，韵律别致，在中华诗律中独树一帜，像大家熟悉的四句式花儿："上去个高山者望平川，平川里有一朵牡丹；看去是容易者摘去是难，摘不到手里是枉然。"一、三句是单字尾，二、四句是双字尾，整个唱词的三音节节奏显明，富有变化。

现选花儿唱词和曲调各一：

美丽的刘家峡

提起刘家峡，那是我的家，高峡平湖修大坝，造福千万家，黄河三峡美如画，名声震天下，太极鸟岛人人夸，水面上漂荷花，旅游强县政策好，振兴刘家峡。

提起刘家峡，那是我的家，千年炳灵是古刹，名扬我中华，恐龙足印影响大，震惊你我他，龙汇山下鼓声发，咱把傩戏耍，美丽可爱刘家峡，我们热爱她。

提起刘家峡，那是我的家，古城新区步伐大，天天在变化，沿黄快速和折达，一路风景佳，枣园深处有人家，朋友快来吧，吃上二斤尕手抓，喝个盖碗茶。

提起刘家峡，那是我的家，高楼大厦平地拔，迈向现代化，党的光辉照万家，人人乐哈哈，一带一路视野大，感谢习大大，我们团结是一家，建设刘家峡。

（花儿唱词作者马世才，系西北民族大学教授，永靖县王台镇王台村人。）

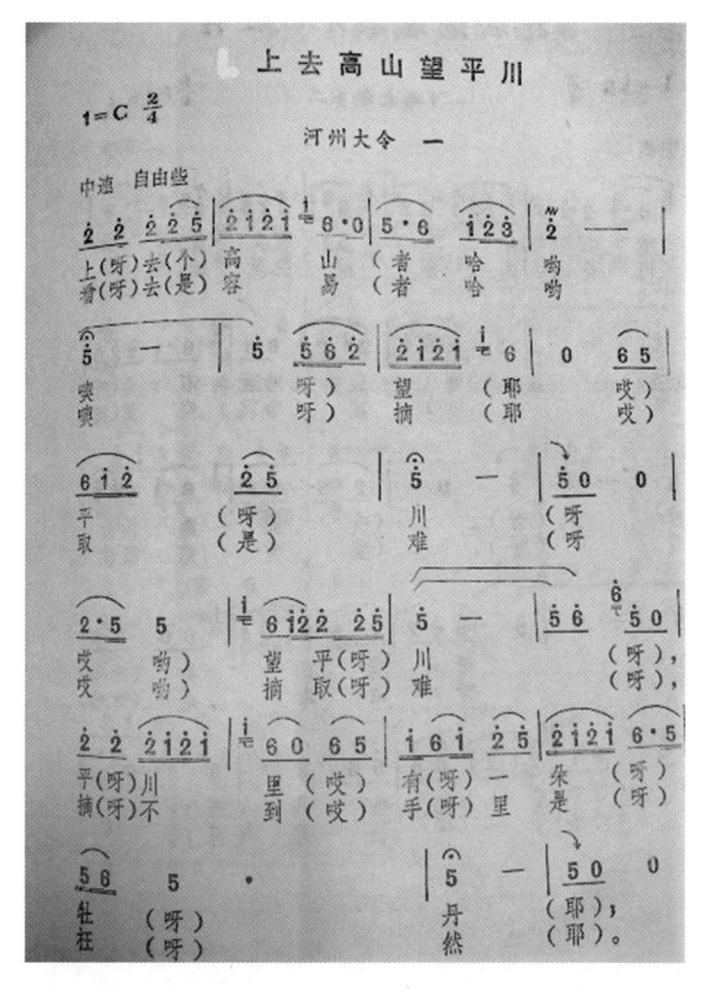

（花儿曲调，摘自《西北花儿精选》，青海人民出版社 1987 年版）

第九节　美食——舌尖上的享受

太极川及周边区域主要产小麦、玉米、豆类、洋芋、瓜果蔬菜、猪、羊、牛、鸡及黄河鲤鱼等水产品。这里具有独特的地理优势和种养条件，农作物、畜产品、水产品品质上乘，多为名优特。因此，这里的人们创造了丰富而可口的美食。

太极川位于四面环山的小盆地之中，气流循环相对稳定，有独特的自然小气候，加之周围是石山，白天石头吸收的热量夜间散发，昼夜温差较小。土地属沙壤土，土层厚，通气透水性好，氧气充足，养分转化快，土壤中无毒害物质转化快，土地不板结，宜耕期长，耕后土壤松散、平整、质量好。光照充足，全年光照2567小时，占全年日照的60%以上，有利于农作物的生长，适宜温室大棚的种植。刘家峡大坝自流渠贯穿全川，温室大棚可随时灌溉，浇水便利。太极川温室大棚蔬菜品质好，无公害，远销兰州、临夏、青海西宁等地，特别是草莓、珍珠西红柿以其独特的品质、口感享誉内外，成为游客购物的首选、馈赠的佳品。

西红柿　西红柿原产南美，后传至欧洲，又从欧洲传到中国。兰州的西红柿是由兰州农校（当时校址在萃英门内）校长王尔甫在1932年从北平西四新农种子店购得种子后，于次年春在兰州农校开始试种的。1956年后开始在兰州推广种植。太极川西红柿是从兰州西固引进的，大而圆润，果形整齐，形美色艳，光泽红亮，酸甜可口，营养丰富，耐挤压，便于储存和长途运输。它产量高，质量好，上市早。樱桃西红柿属一年生蔬菜，产量高，经济效益好。它个小似珍珠，有红、黄两种，酸甜可口，营养丰富，富含蛋白质、维生素、胡萝卜素、矿物质等，生食或熟食，具有独特风味。刘家峡西红柿为地理标志证明商标。

草莓　太极川草莓个儿大，味正，色泽鲜红，柔嫩多汁，富含多种维生素和矿物质。以独特的品质、丰富的营养赢得"水果皇后"美誉。通常为招待贵客的上等水果和最佳的时令礼品。它成熟早，采果期长，产量高，经济效益好，种植面积大。草莓喜温凉气候，太极川的草莓一般在春节过后，初春季节开始采摘上市。

太极川西红柿（史有东摄）

太极川草莓（史有东摄）

红枣 红枣又称大枣，是太极川的特产，个儿大皮薄，肉质饱满，口味甘甜，分鲜枣和干果。据传红枣是明成化年间现罗川村的李氏先祖带来的，在罗川栽培成功后，迅速在太极川黄河两岸发展起来。枣树极耐干旱，无病虫害，耐瘠薄土壤，栽培简便，宜管理，与农作物间作影响小。红枣主要品种有"大屁股枣""油窝窝枣""馒头枣"等，品质优良。每逢夏秋之交红枣成熟季节，枣园采摘红枣已成为旅游时尚。传统是晾晒干后向外出售，也有用酒泡制成"酒枣"，也可深加工制成蜜枣、枣面。农家常见的一种吃法是枣儿甜馍。它是将晾干的大红枣洗净沸煮，等到一个个膨胀起来后，立刻灭火，将玉米面倒入枣水锅里。而且要边倒边搅，直到不能流动且能切成团时，挖出放入撒有玉米粉的碗里，上下簸动，使其成枣核状，然后一个个竖放进笼里蒸，旺火十分钟，文火半小时。蒸后冷却，切成薄片。那薄片就像一块褐黄色的大理石，散在其中的枣泥、枣皮，就像大理石上的纹理，吃起来又凉又柔又甜，是自然的甜。还有一种叫"枣窝窝"，做法是，将红枣煮好晾干，再用开水将糜子面、苞谷面调和成的面团揉和在一起，搓成三寸高的尖小底大的圆锥状，底部用大拇指旋一个"窝窝"，放入蒸笼。蒸时，在锅中添上浅水，将蒸笼再放入锅中，用微火徐徐蒸熟即可。

太极川红枣（史有东摄）

软儿，学名叫香水梨。色青黄，味微酸，藏至深冬，开始变软，表面如黑泥，梨肉呈黑腐，吃到口内，肉如浆，汁如蜜，软儿上市，时间是深冬，此时滴水成冰，整个梨冻得宛若一块黑石头，吃前要暖消，或冲入凉水，将外围冰壳除去。

太极川人饮食以面食为主。

长饭，先是擀面，其要领是，白面要在案板上或瓷盆里和，和面的水须是温水，化进适量的碱面，一只手用四指左右转几下和匀了，再用上捏、捣、挤、拧、扭、压、搓、揉等多种方式，面就听话地变化着，直到成为一个面团。然后将面团用布苫着，饧上一会儿，再擀。擀面纯属技术活。擀面的人把饧好的面团捉在手里,一只手用四指按住旋转,另一只手用掌根连窝带推,窝成一个厚厚的面饼,再拿粗短的擀面杖一下一下擀开,并不时调整方向,适时撒上一些干面。面饼变成锅盖大的面张后,又换一根长点细点的擀面杖,从一头卷上去,轻轻拍打着,用力挤压着,把面张抻开、抻圆。再换一根细长的擀面杖,卷起来回滚动,再铺展开,反复几次,待把面擀薄后再折叠,呈半圆形,拿一把切面刀,一手拢住多半张面张,五指轻轻按着,只留下一筷子宽的面张,另一只手握刀对准,沿垂直方向徐徐前行,速度、力度匀称从容,拢面的手配合前移,刀过后,一条韭叶宽的长面就摆在了切刀的另一端。这要相当的功夫,手、刀配合要协调,切刀前行要成直线,切出来的韭叶长饭才会宽窄一致。等锅里水开了面就可以下锅了。饧面的时段,在灶头的另一只锅里倒上清油,略略炒上一些葱段、肉丁、菜丝、洋芋片,再浇上开水,做好浇面的臊子汤。再拿一把铁勺,伸进灶火门加热,滴上一小勺清油,过油后捏撮野葱花,然后再麻利地搅翻一下,炝入早已盛好的臊子汤里,顿时一股香味悠悠飘散出来。长饭的臊子汤,也叫"头肴汤"。

浆水,将菜叶洗净切碎后,置入冷水锅中煮沸,面粉勾芡挂汁,稍降温后加原汁浆水作为发酵剂,捂缸保温发酵而得,民间称为榨浆水。浆水,淡雅、清凉、酸香、泻火、消食、利肠,调节口味。制作浆水的主要原料是菜叶,菜叶品种随着季节的变化而变换,一般有苦苦菜、青菜、包包菜,还有白萝卜、洋芋、水萝卜的叶子,等等。苦苦菜浆水是最常见的,这种浆水清热解毒,抗菌消炎。浆水面的吃法多种多样,可用清油将葱末炒成葱花,然后调入浆水滚沸,像浇臊子一样拌面吃,其味清淡适宜,也可把浆水直接调入锅中,做成"一锅面"吃。如果吃了像"手抓羊肉"之类的油腻食物之后,再吃浆水面,味道更棒,真正是"金不换的浆水面"。

牛肉面,兰州是正宗牛肉面的故乡,刘家峡位于兰州市西固区西南40千米,这里的人们吃牛肉面的历史和兰州人同样悠久。牛肉面的清汤,是将带骨牛肉用文火慢慢清炖,炖到肉骨分离时的肉汤,并掺有牛肝汤和鸡汤,有的干脆把鸡肉炖在汤内。这样的汤清亮,呈淡茶色,味道极鲜。牛肉面的面条是手工拉出来的,先将自产的蓬灰熬成水掺入清水中,把优等粉和成面。和面时将清油涂于表面，然后揪成一尺长、半斤重的拉面"棒棒"，排列在案板上饧一会儿。随后，拉面师傅将面棒棒两头抓起，一次次重叠抻扯成型后甩入直径一米的煮面锅的沸水中，面在锅里翻三滚后捞出，从另一文炖大锅内舀出牛肉清汤，倒入碗内再加调料。牛肉面抻出的拉面形状大体有六种：细如粉丝的毛细、宛如鸡肠子的二细、三棱型的荞麦棱、韭叶状的韭叶子、一指宽的小宽、大宽等。一碗拉面是一根，手艺高超的师傅拉出的毛细有一百多米长，而大宽不足十米，宽薄而透亮。牛肉面的调味品有牛肉清汤肉丁、白萝卜片、鲜红的辣椒油、醋和绿色的香菜，按先后层次调入，便成了一清（汤清）、二白（萝卜片白）、三红（辣椒红）、四绿（香菜绿）五黄（面黄）的牛肉面。

扁豆子面，将扁豆子淘净后放入锅内慢煮，待扁豆裂口变软为止，把面团擀好，切成碎棱形下锅，再倒入煮好的扁豆，油炝后加入调料即可食用。

拌面汤，将面粉徐徐掺水，用手揉搓成絮状，煮进沸水里，可调入绿萝卜、菠菜、西红柿和蛋花、盐、葱花，炝油后加入调料即可食用，也可调入浆水，做出风味独特的浆水拌面汤。

疙瘩，多以糜、谷、玉米面粉为主，做时用热水甚至开水烫面，分别以香豆、葱花、红糖、猪油为馅，用手团为盈握圆球，入锅煮熟即成。吃疙瘩一般先在锅内把洋芋块煮成半熟，再与疙瘩同煮至熟，调点浆水食用，香甜可口，是农家的家常主食。另外，农村亦有"切疙瘩"，切为菱形小块，煮熟即可食用。

甜醅子，将莜麦、小麦或青稞浇上少许水，手搓碾去皮，入沸水煮至将熟，捞出晾温，按比例拌入酒曲，再盛入坛子或盆子里封口，置于常温在30℃左右的地方发酵，三天后即可使用，其味醇香甘甜，若再加上一点冷白糖水，别有一番风味。

搅团，是一种杂粮面食，原料主要是豆面、荞面加适量白面。做法是将水在锅中烧开后，用左手将面粉细细匀匀撒入，右手紧握搅棍用力快速搅拌，边撒边搅，搅至没有干面粉为止，然后注入一定量的开水，用擀面杖划成一团一团的，待烧开冒泡时，用力搅拌，直至均匀无颗粒。第二次注入开水加热，待稍硬后，沿锅边淋入开水，继续不停地搅拌，"若要搅拌好，搅上三百六十搅"。搅得干面疙磨全无。反复几次，用小火慢慢煮熟，焐一会儿。待熟后，最后一次搅匀，一锅搅团就做成了。搅团大都是由家中主妇来搅，搅一阵小歇时，舀一勺向空中一提。搅团做法单一，但吃法众多。最常见的吃法是趁热盛一团入碗，加入酸汤，夹一筷子油泼辣子，顺汤搅匀，然后从碗边开始，夹起一块，汤里一撩送入口中。将做好的搅团盛入碗内，用勺背压窝，窝内浇上已制备好的臊子，加油泼辣子、油泼蒜泥和陈醋等，即可食用。臊子随条件和口味调剂制备，荤素皆宜。搅团质柔味香，不肥不腻，调节口味，利于调养。还有一种叫懒饭，是比搅团稀一点的小吃。

搅团（史有东摄）

酿皮子，其做法是用溶解食碱或蓬灰的水慢慢把优等面粉和成面团，精揉一会儿，然后在凉水里反复漂洗面团，洗到最后，面团变成一小团难以扯断的面筋，其余淀粉溶入清水中，沉淀去水，取出面筋放好，待洗面团的水沉淀一会儿后，倒掉浮水剩下糊状物。然后将洗好的面筋摊平蒸熟，即成黄色的蜂窝形面筋块，再拿出铝制的平底圆形大盘，抹上清油倒入薄薄一层面糊，摇匀后放进开水锅内烫熟，即成酿皮子。酿皮色呈淡黄，油光透亮。形似皮筋，切时有弹性。将切好的酿皮条放入碗内，颤动感强，其味柔软光滑筋道。每碗酿皮放三四块面筋，味道更香。吃酿皮子用的调料，放到六个大瓷碗里，一字排开，自左至右依次是，白色的盐、乳白色的蒜泥、浅黄色的芥末、棕色的麻酱、红色的油泼辣子面、黑色的醋，从浅到深，调入盛到碗里的酿皮子中，五色居中，醋沿碗边而下。还有一种叫凉粉，将水粉或甘粉浇洒入有盐的开水锅中，搅拌成糊状后再煮几分钟，熟后盛入瓷盆中将其凉透，切成条状或块状，盛入碗碟内，调上辣椒油、蒜泥、醋、盐、芥末，其色洁白透明，光滑柔润，吃起来口感很好。

烫面饼子，将面粉用开水烫成面团，搓成烫面饼子，揉后加入苦豆或玫瑰花等香料，做成薄饼放入锅内边翻边烤，待熟后撒上食盐食用。

油果果，是油炸食品。先是发面，用少量热水把酵母化开，完全溶解在水中，再把一定量的牛奶加热到微温倒进去，不断加入面粉，借助筷子搅拌均匀，到软硬适中，没有干面粉夹在中间为止，放在生有炉火的房间，经夜发酵。次日早晨将发酵好的面团放入已摊成窝状的干面粉中，把筛细的碱面粉末或开水泡化的苏打粉加进去，剁碎剁匀，揉匀揉光，撕一小块放在火上烧制，当地人叫"灰蛋子"，主要是辨识面团碱面分量是否适中，若碱放多了，面团没有弹性，会影响整个成品；若碱放少了，酸气扑鼻则易断难成形。只有碱放合适了，油果果才会酥软。"灰"试好后把用白糖水、清油、鸡蛋面粉和好的面酥和碱面比例合适的酵面团放在一起，反复揉压，直至融为一体。最后一道工序就是下锅煎炸，待十几分钟后出锅，就成了油果果。

焐锅，是传统的一种烤馍。其锅用铜、铁或铝制成，早先是用粗陶制成，上下两扇，底平体圆，可以开合。制作时先在发酵的面团里放适量的食用碱调匀，然后把面团摊开擀薄，放上清油、葱花、香豆等调味品，卷成筒状，或切成四块，或卷成筒状压扁，装进焐锅，放入火炕洞的烫火中烤熟；也可放进灶炉或烤箱中烘烤。这种食物，黄而不焦，脆而不硬，干而喷香可口，是农家一种常见食物，宜作外出干粮。

花馍馍，其做法是把和好的面团揉成圆球状，用手掌压一圈，成为"剂子"。然后用尺把长的丞擀杖朝上下左右八个方位各推擀两次，"剂子"变成了半指厚的大圆饼。然后浇几勺清油，反复折压，面饼上立刻布满了汪汪的油，黄黄的。接着是撒姜黄、撒红曲、撒苦豆，用手摆动两三下，三色粉状的调料均匀地布满面饼的各个角落。然后把面饼卷起来，呈圆柱状，再用刀切成寸把长的横断体，做花卷的"剂子"就成了。

展示技术的重要程序是"雕琢",用一根筷子,压在"剂子"的腰部折、叠、拧、翻,瞬间就有不同式样的花卷从手中飞出,其花样有"荷掌莲花""三宝佛手""秀女双髻""浪三层""菊叶卷""梅花瓣"等。还有一种叫"富贵馍",它的做法是,把蒸好馍的皮剥去(孩子们会抢着吃掉,叫抢富贵),那馍便成了毛茸茸的圆球,再用剪刀剪成仙桃、仙果、瓣梅、条菊,涂上食用颜料,淡淡的,茸茸的,既好看又好吃。

月饼,有蒸的和烙的两种。蒸月饼的做法是,先把面发好,然后放入适量的碱(最好是蓬灰)揉匀,擀成一张很薄的圆饼,浇一层油,撒上姜黄粉,对折叠成半圆形,再浇上一层清油,撒上苦豆粉,再对折浇油撒上红曲粉,重复几次,叠成一个20厘米大小的方块,外面包上一层面罩,然后加上各种装饰。擀一小张面,浇上清油、撒上姜黄卷成卷,用刀切成拇指宽的小节节放在面板上,再用两根筷子夹成各种形状;有蝴蝶、梅花如意等,蘸上清水,贴在圆圆的高高隆起的面块上,空隙中用带齿的镊子夹上花纹,再搓一个面蛇盘卧在顶端,用剪刀,在仰起的头上剪一下,蛇就张开了嘴,再粘上两粒花椒,真可谓"画龙点睛"了。雕饰完毕,放入笼屉中,用旺火蒸一个半小时,出笼后趁热点红色梅花点,月饼就做成了。它实际上是一个面雕作品。烙月饼的做法是,先把清油烧开后搅入干面粉,成糊状再撒上苦豆粉,使其呈淡绿色,将它掺入施好碱的发面中揉匀,擀成直径40厘米左右、一指半厚的圆饼,再用银针在上面勾画荷花、牡丹、竹叶、佛手,用带齿的镊子加工四周,盖上红红的吉祥图案。烙月饼需要大约一个小时,一个八九斤重的大月饼就烙成了。"千层月饼"的寓意是全家人深厚情感永不离散。做"千层月饼"的红曲、姜黄和苦豆称为"三花"辅料,据记载,这"三花"还有"食疗"功能:姜黄能利胆,抑制肝炎病毒,改善肝脏病损,"红曲"医学上用以活血消食,主治赤痢下垂、妇科经血阻滞等症,苦豆粉又可补阳、治寒疝冷痛诸症。

韭菜合子,将韭菜切碎,加入生鸡蛋、清油、调料等拌匀,将发面团擀成圆形,放入拌好的韭菜馅,折成半圆形,用铁锅烙烤,待熟即可食用。

麻腐包子,将麻子淘净晒干,磨碎后放在纱布内反复漂洗,过滤去皮。将洗后带有麻仁的浆汁徐徐倒入沸水锅中,边倒边捞浮起物,待浮起物晾凉后，挤去水分，称麻腐。再根据喜好，拌入各种调味品作馅，包成包子上笼蒸熟后食用。麻腐包子松软可口，营养丰富，但制作工序较多，一般只在逢年过节或招待尊贵客人时才做。

糖油糕，一种用烫面制成的团糕，形状像疙瘩，这种糖油糕是用烫面做外皮，里面包上用冰糖、白糖、玫瑰等制成的馅料，团成圆饼，再用油炸，吃起来酥软可口。

黏糕，把糯米洗净后浸泡数小时，用纱布包好，放入盆中，将大红枣、葡萄干分层放入糯米中，用纱布包裹紧后放入锅中蒸熟，晾凉。吃时切下一块黏糕，放上白糖、蜂蜜，其味甘醇甜美。

囷囷，有洋芋囷囷、糖萝卜囷囷、苜蓿囷囷、金瓜囷囷、榆钱囷囷等。以洋芋囷囷为例，其做法是：将洋芋刮掉皮，用水掏净，用礤子将洋芋擦成细条状；面粉倒在擦好的洋芋条上面，用筷子搅拌，让每一条洋芋上都均匀地沾上面粉，再拌入盐和花椒的调料水；拌好的洋芋条蒸10分钟，等洋芋条呈半透明状就蒸好了；将切好的葱花放在洋芋囷囷上，取清油适量烧开后浇在葱花上面，炝香，然后将葱花和洋芋囷囷拌匀即可食用，也可加入大肉臊子或大油调匀食之，味道极美。

吃洋芋的习惯比较普遍。洋芋有炒、蒸、囷等多种吃法，也可和其他蔬菜和面食混吃。

地锅锅（史有东摄）

当地有个独特的吃法是地锅锅,就是"以地为锅"烧制洋芋的一种吃法。烧地锅锅,事先在向阳土坎上做一个土灶,挖一小窑洞作为火门,准备干硬的土块,大至拳头,小至核桃。然后围绕圆形将土块从大到小一圈圈垒上去,逐圈内收,最后垒成一个圆塔形,用浮土将底部周围壅住,壅好后用干麦草、洋芋茎秆、废柴等向内烧火,半个钟头后,"塔"上的土块温度逐渐上升,当土块内侧被烧得通红,烧透烧彻底时停止烧火,从火门中挖去中间灰烬,用另外的大土块将门封严,用烧火棍将"塔顶"二至三层土块捣落入锅膛,在其底部捣碎、摊匀,然后一边将洋芋快速倒入锅膛,一边用烧火棍将土块逐层一个个捣落下去,这两个动作要同步进行,以保证洋芋和烧红的土块能够间隔相混。当锅膛被填充到与剩余的"塔身"齐高时,说明锅膛已满,用铁锨背将四周的土块敲碎,用散落下来的碎土块将顶部露出的洋芋覆住,用锨背将顶部和周围敲实,敷上一层干土,再敲实,最后敷上一层3—5厘米厚的湿土,敲实,以防止漏气和散热。这样,一笼洋芋就"下锅"了。大约一小时后,可以挖开食用。对洋芋是否烧熟如无把握时,可用一根小木棍试探一下:将木棍从地锅顶部插下去10—15厘米,再抽出来,如果木棍一端散发着熟洋芋的味道,还留有粉末状的洋芋渣,说明洋芋已烧熟,如无,说明洋芋还未烧熟,须稍候片刻。烧得上好的地锅洋芋熟而不焦,百米之外都能闻到其醇香诱人的气息。大家围绕地锅席地而坐,掏出洋芋,啪、啪地在地上磕着,左右手倒腾着,还不时噗噗地吹着,争先恐后地吃着。

　　当地肉类食品以猪肉为主。吃法主要有红烧肉、排骨、肘子、糟肉、猪蹄、面肠、烩菜等。较有特色的是红烧猪蹄,将猪蹄刮毛洗净,剁去爪尖劈成两半用水煮透后放入凉水中,然后将少许香油烧热,放入冰糖炸成紫色时放汤调至浅红色后,加入猪蹄、料酒、葱、姜、盐、花椒,汤烧开后除去浮沫,用大火烧至猪蹄上色后,改用小火炖烂,收浓汁即成。猪蹄含有丰富的胶原蛋白质,脂肪含量也比肥肉低,它能防治皮肤干瘪起皱、增强皮肤弹性和韧性,可以延缓衰老,因此,人们把猪蹄称为"美容食品"。面肠也是一种特色肉食。过年时家家户户都要宰年猪,第一顿要吃的就是面肠,将猪血和玉米面、白面和匀,装入猪肠子中蒸熟,然后切片而食。烩菜的做法是,将猪肉肥肉片子和洋芋及各类蔬菜放在一个锅里煮熟食用。

手抓羊肉（史有东摄）

吃羊肉也是当地饮食的一种特色。最普遍的是手抓羊肉。就是将煮熟的羊肉剁成小块装盘上桌，用手抓起一块，拌以椒盐、就大蒜而食，色香味美，肥而不腻，是美食中的金字招牌。做手抓羊肉，羊的品质是关键，第一道工序就是"舍饲"。从本地干旱山区羊中精选小公羊，把它圈养在一个固定的地方，用土生土长的小白蒿、百里香、野葱、野蒜等牧草，辅以干草、玉米秸秆和麦麸搅拌的精饲料精心饲养三四个月后，进行阉割，戴上笼头、不让它东奔西窜。等到小公羊长得膘肥体壮，毛重约15斤时就可以出栏，所以本地羊也称为站羊、孕羯羊；第二道工序是煮羊。把已宰好的羊经过剥皮、掏内脏、清洗等多道程序处理后，把全羊完整地下入冷水锅，用急火猛煮。等锅内的水快开未开时，用小眼细网罩捞尽浮在水面上的杂质沫子，再放入花椒、葱段、姜片、食盐等调料，用温火慢煮，出锅时需两人用干净木杆撑起全羊小心提起，放在木制案板上或蒸笼里稍凉，然后用快刀或利斧按脖子、前腿、后腿、肋条、背子、胸岔、羊尾巴卸成七大块，再均匀地将每一大块剁成若干小块，趁热装盘。端上桌子的时候，一个部位端一碟子。先端肋条，肋条肉肥瘦适宜，肉质细嫩，口感爽滑。随后端上餐桌的是背子、脖子，这两个部位的肉偏瘦，骨髓较多、营养丰富。前腿、后腿上肉多，既饱眼福，又饱口福。被切成薄片的色白如玉的羊尾巴，蘸上香醋、拌上蒜泥，不腥不膻，鲜美可口。手抓羊肉营养丰富，具有滋补温中、强骨壮阳的药理作用。久病虚脱者或产妇需恢复体力时，吃几顿手抓羊肉，元气即复,浑身有劲。农村还有一种吃法叫"吃平伙",先找一只最好的羯羊,再选择一户家境宽裕、主妇厨艺好的人家,把宰好的羊收拾干净,冷水下锅,再把羊的心、肝、肺洗净剁碎,拌上切好的葱花、调料、油、味精,撒上少许面粉,搅匀,按吃平伙的人数分成若干份装在小碗里备用。等大锅内煮羊肉的水开锅后,在大锅上架起蒸笼,把装好的小碗整齐地摆放在笼屉中,盖上蒸笼盖子蒸熟,当地人叫"发子",寓意是"发财"。或是在新鲜的羊肝上包上一层薄薄的羊油,当地人叫"知了",人们常说"先吃的肝子比肉香"。先让客人吃"知了",就是告诉客人,今天主人给客人吃的是羊肉。

知了（李泽琴摄）

之后,把煮熟的羊捞出后放在容器里控水,然后把还冒着热气的羊肉分卸成七大块,再把每一大块按人数剁成若干份,人均一份,每份平伙里都有前件（前腿）、后件（后腿）、肋条、胸岔、背子、脖子、尾巴七个部位。平伙肉按份子剁成后,盛在碟子或食品袋里,既可当场吃,也可带回家去和家里老人孩子一起吃。把羊皮、羊头、羊蹄、下水和一份平伙肉留给东家,叫"锅头份"。最后,组织吃平伙的人向东家交底:

羊多少钱，平均每人分摊多少钱，钱可以当场交清，也可以日后送来。冬天吃羊肉，吃羖䍽的多。当地人认为最好吃的肉是"冰碴羖䍽草芽鸡"，意思是冬天水结冰时，羖䍽的肉香，春天草发芽时，鸡的肉香。

当地人喝茶也很讲究。喝茶主要是喝罐罐茶和刮碗子。罐罐茶的喝法是，家里生旺炉火，把装满茶叶和水的罐罐放在火上熬，熬茶的罐罐比较讲究的是砂陶制成，黑色。尕罐罐里三分之二的容积是茶叶，冬天一般是用茯茶，夏天一般用春尖茶，水近罐沿，在火上咕嘟嘟地煎熬，像熬中药一样。水慢慢下去了，熬成很少的茶汁，然后抓起倒在仅有一半罐罐大的小瓷缸里，就开始喝。有的人喝茶的功夫很深，反复加水煎熬，熬成黏稠吊线的茶汁才下口。刮碗子，是另一种沏茶的方式。茶具有盖子、茶盅、掌盘三部分组成，茶叶一般为春尖茶（云南茶），配以菊花、桂圆、葡萄干、红枣、冰糖等。泡茶的水也有讲究，一般为"牡丹花（滚沸）"开水，其喝法是先用左手端起碗子底盘，用右手的拇指、食指和中指环成兰花状夹起盖碗，斜着在茶碗上刮一下，第一水要倒掉，以除去茶叶中的杂质和尘土味，第二水才开始喝，喝前用盖碗轻轻地刮动茶水，让茶叶上下翻滚，喝时小口吸着喝，慢慢地品，喝起来感觉苦而香、酸而甜，余味绵长。一个"刮"字，形象地反映了当地人喝茶的奇妙之处。

碗子（史有东摄）

太极川的餐桌上少不了鱼。凡是宴请都要吃鱼，要么是点上一两种鱼，要么就是全鱼宴。鱼类中通常以吃鲤鱼为主。鲤鱼的做法有两种，一种是清炖鲤鱼，其做法是备好葱段、姜片，鲤鱼一条打斜刀，先在锅中倒入葱段、姜末，大火爆香，然后倒入鲤鱼，翻炒，再加入清水，适当加入料酒，最后放盐和鸡精，大火煮沸，转小火炖30分钟即可食用。另一种做法是红烧鲤鱼。将鲜鲤鱼洗净，去鳞，去鳃，在腹处用刀划开，去内脏，洗净血沫，两边斜切5刀，锅内放入清油，旺火烧热，将整条鲤鱼下锅煎成两面呈黄色，倒入料酒，再依次放入辣椒面、精盐、酱油、姜片烧开，改小火焖熟，再放入葱白、味精、胡椒粉。其次吃得较多的是虹鳟鱼，吃法主要是清蒸和干炸。也有一部分人生吃三文鱼，将青芥酱、生抽和醋，搅拌均匀，即可蘸食。

黄河鲤鱼（史有东摄）

美食伴美酒。太极川人饮酒是很有讲究的。饮酒多在喜庆场面，所以有"天下无酒不成席"之说。给长辈祝寿、结婚贺喜、婴儿满月、新居上梁落成、金榜题名、亲朋好友相聚都要喝酒。先说给长辈祝寿，晚辈先应在正堂跪拜给先祖敬祀奠酒，然后给长辈敬酒，再依辈分大小分别敬酒。饭菜之后，长辈发话，再上饮酒菜，同辈人可以划拳猜令饮酒。当地人喝酒的主要特点为：吃个半饱再喝酒，然后双手捧碟抓酒，再猜拳，结束时吃一碗面。酒品主要有两种，一种是品牌酒，由于这里离省城兰州比较近，品牌酒一般是兰州流行喝什么酒这里就喝什么酒。另一种是地产酒，人们平时喝当地生产的刘家峡大曲和炳灵玉液系列，有瓶装，也有散装。当地人接待客人喝酒的基本程序是，一是先上水果零食，比如红枣、西红柿、草莓、苹果、瓜子、核桃等。二是上硬菜，比如羊肉、猪肉、鱼等，有时这几种同时上，有时只上一个系列。比如羊肉系列，分羊的部位分类上；猪肉系列，主要有肘子、排骨、红烧肉、糟肉；鱼系列，同一种鱼分不同做法上或上几种不同种类的鱼。三是上下酒菜，有素菜和荤菜，喝酒期间客人主人自选吃菜。四是抓酒，当地人抓酒是一种重要礼仪，就是主人将备好的酒盅盛满酒放在碟子里，双手端起，向客人敬酒。抓酒时，客人最少喝两杯，上不封顶，主人不准陪喝。主人方每人按照辈分大小或年龄大小、职务高低都要依次给客人方每人轮流抓酒。五是划拳，划拳的形式有大拳，双方出指头喊数字，谁喊的数字等于双方出的指头数，谁就赢了，由输者喝酒。小拳，双方同时出一个指头，拇指压食指、食指压中指、中指压无名指、无名指压小指、小指反过来再压拇指，依次类推，压住下一个指头者输拳喝酒。石头砸瓦锅，石头是指拳头收紧，砸瓦锅是指手心凹下作瓦锅状，水是指手掌伸直作流水状，石头砸瓦锅、瓦锅舀水、水冲石头，这种形式，谁赢谁输，一目了然。杠子打老虎，这种猜拳形式为双方各执一根筷子，喊令时同时两筷相碰，输赢情况很好判断：杠子打老虎、老虎吃鸡、鸡吃虫子、虫蛀杠子，输家喝酒。喝酒时，主人先打通关（即和每个人猜拳饮酒，对方称应关）。一般情况下，与每人划六拳，打关者输一拳，俗称给对方"一锤"，输两拳叫"二四马褂子"，输三拳叫打平手、扯平了，打关者全赢了，俗称给对方"剃了一个光头"，对方喝完输酒后，出于礼貌，同时为了缓和对方的情绪，打关者应主动陪喝一杯酒。大场面饮酒主要是划大拳，最大礼俗是亲父子俩不划拳，叔侄辈一般不划拳，较疏远的叔侄辈能划拳，但双方千万不能喊"三桃园""哥儿俩好"，这样会让人笑话他们似乎成了兄弟辈。划拳中最好不出失拳，即喊十出四、喊八出二等。挥手猜拳时手心要朝上，表示尊重对方，手心朝下划拳有以势压人之感，让对方感到心里不舒坦。手指出二时不用拇指和食指（此式近似手枪对人），一般出拇指和中指。还有拳拳不离大拇指和出拳头喊"宝"（意为零）的讲究，这种拳式表示敬重对方。酒场中有人要离席,要给坐上席的长辈打招呼后方可离席,平辈、朋友间饮酒,耍滑头者一般开溜,不向大家打招呼,自称"三十六计,走为上计"。若喝醉呕吐,俗称"旱地喷灌",也称"现场直播"。猜拳行令一般要喊吉祥如意的话语,喊"零"时作握拳状,一般喊宝全一对、尕宝送你、元宝滚进来;喊"一"时,点元一个、一心敬你,喊"二"时,哥儿俩好、两家好、二喜临门到;喊"三"时,三桃源、三星高照、三级连升;喊"四"时,四季发财、四红有喜、四喜临门到;当地人划拳不喊"五";喊"六"时,六连高升、六六大顺;喊"七"时,七个巧、遇了个巧、巧七梅花开;喊"八"时,八方进宝、八仙长寿、八匹马儿跑、八抬轿你坐;喊"九"时,酒是好酒、九(久)常富贵、酒海不干;喊"十"时,实在得好、时时如意、十满大堂喜、全堂福禄寿。划拳,要人人打关,就是席位上的主人、客人每个人都要划一圈。打关结束后,还要划爱好拳,就是自选对手划拳,拳数没有统一要求。六是吃面。这里的人们喝酒时还有一个重要习俗,就是酒席结束前要吃一碗面。俗话说"要得散一碗面",吃面,一般都吃长面,寓意是常来常往。

1994 年夏天,笔者和雷仲科奉命编辑《黄河明珠——永靖诗词集》,有幸在刘家峡黄河酒楼接待了广东中华诗词学会副会长、《当代诗词》主编、著名诗人和杂文家李汝纶,甘肃省政协常委、省诗词学会会长、著名诗人袁第锐。这两位著名诗人,品尝了刘家峡美食,体验了刘家峡人给客人的敬酒礼仪,在我们的盛情邀请之下,即兴作词,词中生动体现了刘家峡人"压酒情亲最此乡,倾心一饮必杯双"的抓酒礼仪和"几杯玉液寄深情,主人留客最殷勤"的好客热情。现将这两首词抄录如下,仅供读者品读。

鹧鸪天·赠刘家峡黄河酒楼

李汝纶

压酒情亲最此乡,倾心一饮必杯双。泡台三后黄河鲤,老板娘来劝客尝。　　加倍酌,礼应当,声言要换我诗肠。诗肠有限须交换,换得桃花面外香。

赠黄河酒楼调寄浣溪沙

袁第锐

九曲黄河水正清,刘家峡外听涛声。人间应少不平鸣。　一角红楼如小舸,几杯玉液寄深情。主人留客最殷勤。

2018年10月1日陈贵辉给20世纪八九十年代县委老书记抓酒(左图左一黎端忠,第14任县委书记,73岁,右一孙矿生,第15任县委书记,69岁;右图左一吴家白,第16任县委书记,63岁,右二王可为,县人民银行老行长,60岁;左图右二陈贵辉,左二陈贵涛。王向阳摄)

下　编

太极川方言

　　方言是地方文化的构成部分，也是地方文化的载体，故有"化石"之喻，既能存故，也能证古。方言往往活在乡谈之中，所以陇上先贤李鼎超在《〈陇右方言〉自序》中说："虽樵夫牧竖之口，往往有三代雅辞存焉。"太极川文化地理，前述已备。太极川方言则是我们着力描述并研究的另一课题，可与文化地理相辅相成。

　　永靖县位于甘肃省中部，东靠省城兰州和临洮县，南抵东乡族自治县、临夏县，西与青海省民和回族土族自治县接壤，北与兰州市红古区相连。永靖县周边地区的方言差异就很显著，主要是兰州方言和临夏方言，还有临洮方言。

　　兰州方言属于汉语北方方言的兰银官话（金城片），主要特征是有阴平、阳平、上声、去声四个单字调类，古全浊入声归阳平，其他入声归去声。例如，古全浊入声字"局、食、白、舌"读阳平，跟阳平字"穷、陈、寒、鹅"等调值相同；"竹、笔、曲、福"读去声，跟去声字"盖、共、害、岸"等调值相同。太极川川北方言跟兰银官话金城片就有一定的联系，原因是1929年永靖县建县之前，川北由兰州管辖，民国时从太极川川北到现兰州市西固区岸门口一带属于皋兰县丰乐乡，清朝时川北到现西固区陈官营以西属于皋兰县西乡，明朝中叶属兰州西丰里，政治经济都与兰州紧密相关。太极川东部三条岘乡、陈井镇、徐顶乡、关山乡四个乡镇的老庄子至今还说西固话。

　　临夏方言属于汉语北方方言的中原官话（河州片），主要特征是有平声（阴平与阳平合并）、仄声（上声与去声合并）两个单字调类，古入声字都归入了平声而未归去声，例如"竹、曲、桌、月、局、食"

读平声，与"高、天、三、穷、陈、寒"等调值相同，而跟"近、盖、病、岸"等去声字调值不同。太极川川南的方言跟临夏方言有较多的一致性，原因是永靖县建县之前，川南由临夏县管辖，政治经济都与临夏紧密相关。

临洮方言则属于汉语北方方言中原官话之陇中片，主要特征是有平声（阴平阳平合并）、上声和去声三个单字调类，古入声字都归入了平声，例如"竹、曲、桌、月、局、食"等字与"高、天、三、穷、陈、寒"等字调值相同。太极川北古城村的方言在声调方面竟然跟临洮话有相似性，这可能跟区域相连和经济活动有关。

总之，我们在研究中发现：太极川方言跟周边方言存在"北近北、南近南，南中有北，北中有南"的接触与交汇特点，这在他处都是不多见的现象。

黄河的神力造就了美好的太极川，然而黄河古来也是太极川南北难以逾越的屏障。这种天然的特殊地理，决定了太极川南北经济活动的不同走向，也造就了黄河南北不同的文化特质及其载体。加之这里历史上的行政建制大多以黄河为界，南北分别由河州和兰州辖治。特殊的地理特点、不同经济活动走向以及长期的行政分治，共同造成了太极川南北民俗风情与方言特征的不同，迄今依然存在明显区别。方言语感差异，除了部分字音、用词方面有别外，主要表现在声调上，川北（以太极镇古城村为代表）方言三个声调，平声合为一个调，入声都归平声，属于中原官话陇中片；川南话（以刘家峡镇罗川村为代表）方言两个声调，平上声合为一个调（第一调），去声一个调（第二调），入声都归第一调，属于中原官话河州片。一河之隔，差异如此显著，堪称县域方言中的一个"奇观"。

为了完整呈现太极川方言的面貌，我们采用现代语言学研究方法，用国际音标进行语音描写。国际音标，又称国际语音字母（英文 International Phonetic Alphabet，IPA），是为全世界所有语言注音的符号系统，始于1888年，由国际语音协会制定。国际音标遵循一音一符的严格标准，最初用于为西方语言、非洲语言等的标音。经过多年发展，在中国语言学者赵元任等人的努力下，国际音标逐渐完善，已可为汉语等东方语言注音。用国际音标记录汉语方言的声母韵母，用五度标记法记录汉语方言的声调，已是业内普遍采用的描写方式，本书也不例外。

语音、词汇、语法是构成语言（含方言）的三个必不可少的要素。语音方面，我们依据教育部语言文字信息管理司、中国语言资源保护研究中心编著的《中国语言资源调查手册·汉语方言》（商务印书馆2015年版）的字音对照表绘制了"太极镇1200个单字音表"，再通过与普通话、兰州话及临夏话的比较，归纳出太极川方言的语音特点。词汇方面，我们依据《中国语言资源调查手册·汉语方言》的词汇对照表，记录了1000个常用词汇，归纳了太极川方言的词汇特点。语法方面，一是依据《中国语言资源调查手册·汉语方言》的语法例句对照表，记录了50个典型例句；二是参照笔者主持的国家社科基金项目"语言接触视域下的河州方言形成与演变研究"中确定的115个重点调查例句，对太极镇古城村和刘家峡镇罗川村两村的方言语法进行了调查。在此基础上，归纳了太极川方言的语法特征。

第一节　太极镇古城村音系

永靖县太极镇古城村在黄河以北，分上古村和下古村。下古村位于县城，两村共有16个村民组、1359户、5594人，耕地面积3464亩。上古村铸造业历史悠久，工艺精湛，现有铸造厂7家，生产的法器远销省内外，是中央精神文明建设指导委员会授予的"全国文明村镇"。近年来，两个村大力发展休闲农业与乡村旅游，旅游业收入达农民人均纯收入的22%，与外界经济活动频繁，方言已受到普通话的明显影响。

一　声母（25个，含零声母）

p 步比别班帮	pʻ 爬破敝片盘	m 麻米没民棉	f 法夫饭风方	v 舞务碗文王
t 大到夺端东	tʻ 他太同团肚	n 拿怒脑难暖		l 拉吕老兰莲
ts 字做早赞脏	tsʻ 瓷醋菜参层		s 思苏扫岁酸	
tʂ 之摘赵桌中	tʂʻ 迟茶策穿床		ʂ 是时色水生	z 日如热扰染
tɕ 基旧觉坚江	tɕʻ 欺去桥雀全	ȵ 泥女鸟娘硬	ɕ 吸夏学悬凶	
k 高古跪国官	kʻ 靠渴葵康空	ŋ 安庵暗按岸	x 黑胡河红换	

ø 二挨雨呕盐用

说明：

1. 普通话读 n 声母的字，在古城村分别读 n 声母（如"南、怒"）和 ȵ 声母（如"年、女"）；

2. 普通话读 ts、ts'、s 声母的部分字，在古城村分别读 tʂ、tʂ'、ʂ 声母，如"摘、策、色"等。

3. 普通话零声母字，在古城村分别读 ŋ 声母开口呼字（如"爱、岸、按"等）、v 声母字（如"碗、舞"等）和零声母字（如"挨、呕、盐、雨、二"等）。

4. 极个别古全浊声母仄声字读送气音，如"敝"读 pʰiɛ³⁵。

5. 有文白异读，有些字可以分别读 tɕ、tɕ'、ɕ 声母，也可以分别读 k、k'、x 声母，如"街、腔、鞋"等。

音韵特点：

1. 果合一、假合二、遇合一、蟹合一、山合一二、臻合一、宕合三、通合一影母字，止合三影母喻母字，假合二、遇合一疑母字读 v 声母，如"窝、乌、蛙、唯、委"等；无合口呼零声母。

2. 咸开一、山开一影母字读 ŋ 声母，如"暗、岸"等；果开一疑母字、果合一疑母平声字、梗开二疑母入声字也读 ŋ 声母，如"我、鹅、饿"等；效开二疑母字、山开二疑母字、山开三疑母入声字、梗开二疑母去声字读 ȵ 声母，如"硬、念、咬、孽"等；泥母和来母洪音字不混；蟹开一二、效开一二、流开一的影母字读零声母，如"爱、袄、呕"等。

3. 曾开三职韵庄组的"侧、测、色、啬"，梗开二陌韵的知庄组的"择、宅、窄"，梗开二麦韵的知庄组的"摘、责、策、册"字分别读为 tʂ、tʂ'、ʂ 声母。

4. 文白异读，体现在蟹开二见母字（如"街"）、匣母字（如"鞋"）、江开二溪母字（如"腔"）、匣母字（如"巷"），可读为 k、k'、x 声母，也可读为 tɕ、tɕ'、ɕ 声母。

二 韵母：古城村话共有 34 个韵母，儿化韵在外

ɿ 资子词雌思　　i 比低鸡希义　　u 补赌族朱姑　　y 居虚女绿雨

ɿ 知支吃失日
ɯ 儿而耳二
a 怕大杂扎尕　　ia 家恰峡鸦牙　　ua 抓刷瓜夸花
ə 破得车哥恶　　　　　　　　　　uə 多缩桌过颗
　　　　　　　　iɛ 灭跌铁街夜　　　　　　　yɛ 绝缺雪阅月
ɛ 拜带再寨街 ɜ　　　　　　　　　uɛ 揣摔怪快坏
ɔ 包刀草吵高　　cɔ 飘叼交小腰
ei 北美贼给黑　　　　　　　　　　uei 队内最追瑞
ɐu 豆走周勾呕　iɐu 丢流久修油
an 班三担寒砍　　ian 边片线点捡　uan 酸专穿短宽　yan 捐劝全宣冤
aŋ 帮当桑张缸　　iaŋ 良江墙娘羊　uaŋ 庄床光筐黄
əŋ 奔灯增蒸耕　　i̯əŋ 冰林紧京心　uəŋ 东尊中滚横　y̯əŋ 军熏兄云用

说明：

1. i、y 开头的零声母字有明显的摩擦。

2. u 与 p、p'、m、f 相拼时实际发 v，与其他声母相拼时发 u 韵母。这里记为 u。

3. 普通话 ai、ao 分别发为 ɛ、ɔ 韵母。

音韵特点：

"内"发 nuei；ŋe、i̯əŋ 合为 i̯əŋ 韵母，i̯en、i̯əŋ 合为 i̯əŋ 韵母，y̯en、y̯əŋ、iuŋ 合为 y̯əŋ 韵母。即咸山摄字和宕江摄字韵母不混，曾梗通摄韵母与深臻摄韵母相混，后者并入了前者。

三　声调：古城村话有平声、上声、去声三个声调

平声　13　高三飞河麻文铁学法合服

上声　53　古展纸死粉有

去声　35　近柱盖帐共占谢貌用

平声不分阴阳，入声都归平声，清入和次浊入声字没有归到去声中，说明古城村方言不是兰银官话，而是中原官话。

连读变调：

阴平 + 阴平 13 + 31　　13 + 13（动宾）　　阴平 + 阳平 13 + 53　13 + 13（动宾）

阴平 + 上声 13 + 53　　　　　　　　　　　　阴平 + 去声 13 + 53　53 + 31（动宾）

阳平+阴平 13+31　13+13（动宾）　　阳平+阳平 13+13
阳平+上声 13+53　　　　　　　　　阳平+去声 13+35
上声+阴平 53+13　53+31（动宾）　　上声+阳平 53+13
上声+上声 13+53　　　　　　　　　上声+去声 53+35
去声+阴平 35+31　35+13（动宾）　　去声+阳平 35+13
去声+上声 35+53　　　　　　　　　去声+去声 35+35

　　从16组连读变调看，阴平、阳平为前字，都是13调值，阴平、阳平为后字，阴平有31、13（均有4次）两个调值，阳平有13、53（只出现1次）两个调值；上声为前字，有53、13（只有上上相拼1次）两个调值，为后字只有35调值；去声为前字，均为35调值，为后字，有35、31（1次）、53（1次）三个调值。据此可判断，古城村的声调原本为4个：阴平31、阳平13，上声53，去声35，后来阴平调并入了阳平调，形成了3个调类。

　　再看后字为轻声的情况：

多的　13+53　　熟的　13+53　　好的　53+21　　大的　35+21
高了　13+53　　黄了　13+24　　小了　53+21　　坏了　35+21
包子　13+24　　碟子　13+24　　椅子　53+21　　筷子　35+21
包包　13+53　　盘盘　13+24　　碗碗　53+21　　洞洞　35+21

　　前字为阴平时，所带的轻声字有53（3次）、24（1次）两个调；前字为阳平时，所带的轻声字有24（3次）、53（1次）两个调；前字为上声，后字都为21，前字为去声，后字都为21。阴阳平字为前字，都合并为13，上去声字为前字，都保持本调不变。

　　古城村有几个音变字，常用的有三个：一个是"姆"，为"没"的音变，如：把家哈姆办法。（把他没啥办法。）家之岁数姆我大。（他的岁数没我大。）一是"呃"，为"很"的音变，如：菜好之呃。（菜好得很。）一是"将"，为"像"的音变，如：家将病人沙发上苴之。（他像个病人似的靠在沙发上。）

笔者在太极镇调研（从左至右分别为李泽琴、莫超、张延春、陈贵辉、罗豆宝、康小明，罗宏宏摄）

主要发音合作人：张延春

年龄：85岁

原籍：太极镇古城村

（始祖为张廷，山东济南人，明代万历元年迁入本地，张延春为张氏在本地的第十六代传人）

职业：农民

教育程度：大专（1957年毕业于兰州财经学院）

幼时在何处：一直在古城村

家庭方言：本地话

辅助发音合作人：罗豆宝、窦衍玉、孔成一、王大胜、尤登高、窦宪弟、李永和、李国红

记音日期：2019年10月24日

记音人　莫超教授、李泽琴（博士研究生）、康小明（博士研究生）

第二节　刘家峡镇罗川村音系

罗川村位于永靖县刘家峡镇黄河以南，地处城乡接合部，全村共辖 6 个村民组、713 户、2731 人，耕地面积 1303 亩。境内旅游资源丰富而独特，生态环境优美，文化底蕴深厚。与外界经济文化交流日益增多，方言已受到普通话的明显影响。

一　声母（25 个，含零声母）

p 班步别比布	p' 怕盘破铺片	m 麻米民棉没	f 肥风附夫法	v 文碗王舞务
t 大到夺端东	t' 他太同团肚	n 难脑南怒暖		l 兰老牢莲吕
ts 早栽造左做	ts' 瓷曹菜醋错		s 扫搜四酸岁	
tʂ 之赵桌专中	tʂ' 场车插迟出		ʂ 时生书水双	ʐ 忍扰染热人
tɕ 基坚旧焦觉	tɕ' 欺去桥雀取	ȵ 年娘硬鸟女	ɕ 夏先晓悬学	
k 高街跪官国	k' 康腔靠葵空	ŋ 暗岸爱鹅恩	x 黑鞋话胡户	
ø 呕袄二盐雨				

说明：

1. 普通话读 n 声母的字，在罗川村分别读 ŋ 声母（开口呼跟合口呼字）和 ȵ 声母（齐齿呼和撮口呼字）。

2. 普通话零声母字，在罗川村分别读 v 声母（合口呼字）和零声母（开口呼、齐齿呼和撮口呼字）。

3. 普通话读 ts、ts'、s 声母的部分字，在罗川村分别读 tʂ、tʂ'、ʂ 声母字。

4. 罗川村有文白异读，如"街、腔、鞋"分别读 tɕ、tɕ'、ɕ 声母，也可分别读 k、k'、x 声母。

5. u 与 p、p'、m、f 相拼时实际发 v，与其他声母相拼时发 u。这里都记为 u。

音韵特点：

1. 果合一、假合二、遇合一、蟹合一、山合一二、臻合一、宕合三、通合一影母字，止合三影母喻母字罗川村读 v 声母。如"窝、乌、蛙、唯、委"等。无合口呼零声母。

2. 蟹摄开口影母字、效开一二等疑影母字，咸开一、山开一影母字，假合二、遇合一疑母字罗川村读 n 声母，如"岸、袄、鳌"等；果开一疑母字、果合一疑母平声字、流开一疑影母字、梗开二疑母入声字也读 ŋ 声母，如"我、鹅、饿"等。效开二疑母字、山开二疑母字、山开三疑母入声字、梗开二疑母去声字读 ȵ 声母，如"硬、念、咬、孽"等。鼻音和边音洪音字不混。

3. 曾开三职韵庄组的"侧、测、色、啬"，梗开二陌韵的知庄组的"择、宅、窄"，梗开二麦韵的知庄组的"摘、责、策、册"字罗川村分别读 tʂ、tʂ'、ʂ 声母。

二　韵母：（34 个，儿化韵在外）

ɿ 资子词雌思　　i 衣义欺希缕　　u 祖赌骨母苏　　y 居区虚玉鱼
ʅ 知吃失支日
ɯ 儿二而耳

a 茶怕妈法杂　　ia 家恰峡鸦牙　　ua 抓刷瓜夸花
ə 拨择车各鹅　　　　　　　　　　uə 河喝过多颗
ɛ 拜败则鞋街　　　　　　　　　　uɛ 怪快坏揣摔
　　　　　　　　iɛ 别灭碟劣斜　　　　　　　　　　yɛ 绝缺雪阅月
ɔ 包冒刀草高　　iɔ 飘苗小交鸟
ei 北碑贼给黑　　　　　　　　　　uei 堆最追归灰
ou 周稠收勾口　 iou 丢秋流油修
an 班三担寒砍　 ian 边片线点捡　uan 酸专穿短宽　yan 捐劝全宣冤
aŋ 帮当钢张商　 iaŋ 羊娘良江乡　uaŋ 光筐庄床望
əŋ 奔崩根庚蒸　 iəŋ 紧冰金京心　uəŋ 滚公魂红横　yəŋ 熏兄云用雄

说明：

1. i、y 开头的零声母字有明显的摩擦。

2. u 与 p、ph、m、f 相拼时实际发 v，与其他声母相拼时发 u 韵母。这里记为 u。

音韵特点：

1. 普通话 ai、ao 韵母罗川村读单韵母 ɛ、ɔ 韵母。具体为：蟹摄咍开一所有字，泰开一的舌齿牙喉字，皆开二的唇音字、照二字、牙喉部分字、佳开二、夬开二的所有字，支脂术合口三等的照二字读 ɛ 韵母；皆合二所有字，夬合二的牙音字等读 uɛ 韵母。效摄豪开一所有字，肴开二唇舌齿、影母字，宵开三的舌上、齿音字罗川村读 ɔ 韵母；肴开二牙喉字（影母字除外）。宵开三唇牙喉、齿头、来母字，萧开四所有属字罗川村读 iɔ 韵母。

2. 普通话 ən、əŋ 韵母罗川村合为 əŋ 韵母，nei、iən 合为 iəŋ 韵母，yən、yəŋ、iuŋ 合为 yəŋ 韵母。即：咸山摄字和宕江摄字韵母不混，曾梗通摄韵母与深臻摄韵母相混，后者并入了前者。

三 声调：有平上声和去声两个调类

平上声　13　高飞麻文古展铁学合服
去声　　53　近柱盖帐共占谢貌望用

阴阳平、上声（全浊上除外）、入声合为一个调类；全浊上、去声为一个调类。据此可判断，刘家峡镇罗川村方言属于中原官话。

连读变调：

阴平 + 阴平 13 + 31　13 + 53　13 + 13（动宾）　　阴平 + 阳平 13 + 53　13 + 13（动宾）
阴平 + 上声 13 + 53　　　　　　　　　　　　　　阴平 + 去声 13 + 53　31 + 35（动宾）
阳平 + 阴平 13 + 31　13 + 13（动宾）　　　　　　阳平 + 阳平 13 + 13　13 + 53
阳平 + 上声 13 + 53　13 + 13　　　　　　　　　　阳平 + 去声 13 + 35
上声 + 阴平 13 + 53　53 + 31（动宾）　　　　　　上声 + 阳平 53 + 13　13 + 53
上声 + 上声 13 + 53　　　　　　　　　　　　　　上声 + 去声 53 + 35
去声 + 阴平 35 + 31　35 + 13（动宾）　　　　　　去声 + 阳平 35 + 13
去声 + 上声 35 + 53　35 + 13（动宾）　　　　　　去声 + 去声 35 + 35

从 16 组连读变调看，阴平为前字，有 13（7 次）、31（1 次）两个调值，阴平为后字，有 31（4 次）、13（3 次）、53（2 次）三个调值；阳平为前字，都是 13 调值，为后字，有 53（3 次）、13（4 次）两个调值；上声为前字，有 53（3 次）、13（3 次）两个调值，上声为后字有 53（4 次）、13（2 次）两个调值；去声为前字，均为 35 调值，为后字，有 35（4 次）、53（1 次）两个调值。可见罗川村的连读调是比较复杂的，但综合考察（包括频率、动宾组合因素）还可判断出，罗川村的声调原本为 4 个：阴平 31、阳平 13，上声 53，去声 35。再从阴平前后字有大多是 13

调值（10 次）来看，阴平早就并入了阳平调，形成平声、上声、去声三个调类；从上声前后字53 调值（7 次）和13 调值（5 次）来看，后来上声调也并入了平声调；去声调值除了有一次53 的变调外，都是35 调值，比较稳定，所以罗川村最后形成了两个调类：第一调为平声、清上、次浊上、入声；第二调为全浊上、去声。

再看后字为轻声的情况：

多的	13＋53	熟的	13＋53	好的	13＋53	大的	13＋53
高了	13＋53	黄了	13＋24	小了	13＋53	坏了	35＋21
包子	13＋53	碟子	13＋24	椅子	13＋24	筷子	35＋21
包包	13＋53	盘盘	13＋24	碗碗	13＋24	洞洞	35＋21

前字为阴平时，所带的轻声字都是53 调值；前字为阳平时，所带的轻声字有24（3 次）、53（1 次）两个调值；前字为上声，所带的轻声字有53（2 次）、24（2 次）两个调值；前字为去声，所带的轻声字有21（3 次）和53（1 次）两个调值。阴阳平上声字为前字，都合并为13，去声字为前字，所带的轻声字有35（3 次）、13（1 次）两个调值。这样看来，跟两个调类也是吻合的。

罗川村有一个音变特例"纽"，实际是"没有"的合音加音变，即先将"没有"合音为[miou]，再音变为[ȵiou]，一般写作"纽"。既有作状语的功能，如"老王早上纽来"（老王早上没有来），也有作述语的功能，如有人去世了，可以说"纽哈人者"（没有了人了。）

主要发音合作人：李光全

年龄：42 岁

原籍：刘家峡镇罗川村

职业：农民

教育程度：高中

幼时在何处：一直在罗川村

家庭方言：本地话

辅助发音合作人：罗仕谦、罗宏康、祁国齐、罗更英、罗连福

记音日期：2019 年10 月26 日

记音人：莫超、李泽琴、康小明

博士研究生康小明在罗川村调查方言（左为发音合作人李光全，李泽琴摄）

第三节　古城村、罗川村方言与兰州市、临夏市方言的比较

一　与兰州语音的比较

（一）兰州话音系

1. 声母，共26个，零声母在内

p 布步别本	p' 怕盘普坡	m 门迷满木		
pf 主桌砖中	pf' 处吹春船		f 飞冯水栓	v 五味如软
t 到道夺灯	t' 太同土踢	n 兰怒难努		
ts 遭在紫咋	ts' 仓曹寸踩		s 苏散扫随	z 娆
tʂ 止招展争	tʂ' 昌潮尺愁		ʂ 师杀生色	ʐ 日染肉人
tɕ 精经节九	tɕ' 秋丘齐全		ɕ 修旋玄虚	
k 贵跪高滚	k' 开葵考看		x 虎好寒红	

ø 哀摇远用

说明：

（1）普通话 tʂ、tʂʻ、ʂ、ʐ 拼合口呼韵母时，兰州话分别读为 pf、pfʻ、f、v 声母，如"主、处、书、入"等；普通话合口呼零声母字兰州话也读 v 声母，如"五味"等。

（2）鼻音 n 和边音 l 相混，一般读为 n 声母，如"兰怒难努"等。

（3）兰州话中有一个 ʐ 声母，但辖字极少，常见的只有一个"饶"字，是"内心很满足、开心"的意思。

2. 韵母，共32个

ɿ 资次四司	i 衣比地急	u 图出鲁故	y 雨锯取虚
ʅ 知吃始日			
ɯ 儿而耳二			
a 巴爬辣瞎	ia 鸭家掐夏	ua 花夸刮画	
ə 鹅德蛇客		uə 多脱颗活	
	iɛ 野铁切灭		yɛ 月靴脚略
ɛ 哀来盖外		uɛ 乖块槐坏	
ɔ 熬饱桃老	iɔ 要条小咬		
ei 飞水倍妹		uei 堆雷随鬼	
əu 欧丑收斗	iəu 油丢牛秋		
an 安三含慢	ian 烟闲减面	uan 端船官宽	yan 圆宣卷权
ən 恩本灯翁	iən 音林井性	uən 孙魂东公	yən 云军穷用
ɒŋ 昂帮党缸	iɒŋ 秧良讲香	uɒŋ 光黄广筐	

特点：阳声韵除宕江摄读后鼻音外，其余都读为前鼻音。

3. 声调，共四个调类

阴平　53　方天初高猪低开偏
阳平　51　房甜穷唐平扶拔罚
上声　44　粉短纸展比有老暖
去声　13　盖帐醉变近厚雪桌

特点：中古全浊上声归去声，全浊入声归阳平，其他入声归去声，为兰银官话金城片方言。

（二）音系比较

1. 相同点

（1）古城村、罗川村方言与兰州方言声母韵母有较多的一致性，如曾开三职韵庄组的"侧、测、色、啬"，梗开二陌韵的知庄组的"择、宅、窄"，梗开二麦韵的知庄组的"摘、责、策、册"字分别读 tʂ、tʂʻ、ʂ 声母。这些字都是入声字，演变为与普通话不同的声母。

（2）三地方言都有文白异读，有些字可以分别读 tɕ、tɕʻ、ɕ 声母，也可分别读 k、kʻ、x 声母，如"街、腔、鞋"等字。

（3）三地方言咸山摄字和宕江摄字韵母不混；曾梗通摄韵母与深臻摄韵母相混。

2. 不同点

（1）蟹摄开口影母字、效开一二等疑影母字，咸开一、山开一影母字，假合二、遇合一疑母字古城村、罗川村读 ŋ 声母，兰州读零声母，如"岸、袄、鳌"等；果开一疑母字、果合一疑母平声字、流开一疑影母字、梗开二疑母入声字古城村、罗川村读 ŋ 声母，如"我、鹅、饿"等，兰州也读零声母。兰州话泥母和来母洪音字相混，古城话不混。

（2）普通话 tʂ、tʂʻ、ʂ、ʐ 拼合口呼韵母时，古城村、罗川村也读 tʂ、tʂʻ、ʂ、ʐ 声母，但兰州话分别读为 pf、pfʻ、f、v 声母，如"主、处、书、入"等。

（3）虽然三地方言曾梗通摄韵母与深臻摄韵母相混，但"混"的情况有别：古城村、罗川村深臻摄韵母混入了曾梗通摄韵母，兰州则是曾梗通摄韵母混入了深臻摄韵母。

（4）声调方面，兰州话是阴阳上去四个声调，古全浊入声归阳平，其他入声归去声，据此归入兰银官话金城片；古城村话是平上去三个声调，阴阳平合为一个调类，古入声字都归平声，据此归入中原官话陇中片；罗川村话是两个声调，阴阳平、上声和入声合为一个声调，全浊上和去声合为一个声调，据此可归入中原官话河州片。

二 与临夏语音的比较

（一）临夏话音系（以临夏市为代表）

1. 声母，共 25 个，零声母在内

p 布别边病	pʻ 怕盘盆旁	m 妈母门忙	f 扶飞饭冯	v 我午武围
t 到道夺胆	tʻ 太同堂童	n 怒岸暗挪		l 路吕莲郎
ts 祖增左罪	tsʻ	仓从擦搓	s 苏三酸苍	
tʂ 招争蒸中	tʂʻ 主插岔沉		ʂ 杀扇生赏	ʐ 闰扰软人
tɕ 精经节九	tɕʻ 秋丘齐全	ȵ 硬念咬鸟	ɕ 修旋线虚	
k 贵割各根	kʻ 跪客颗看	ŋ 我饿饿讹	x 话花活谎	
ø 烟延云哑				

音韵特点：

（1）果合一、假合二、遇合一、蟹合一、山合一二、臻合一、宕合三、通合一影母字，止合三影母喻母字，假合二、遇合一疑母字读 v 声母，如"窝、乌、蛙、唯、委"；无合口呼零声母。

（2）普通话部分读 ts、tsʻ、s 声母的字，临夏话分别读 tʂ、tʂʻ、ʂ 声母。具体为：曾开三职韵庄组的"侧、测、色、啬"，梗开二陌韵的知庄组的"择、宅、窄"，梗开二麦韵的知庄组的"摘、责、策、册"等字。这些字都是入声字，演变成了与普通话不同的声母。

（3）泥（娘）来母不混；蟹摄开口影母字、效开一二等疑影母字、咸开一、山开一影母字，假合二、遇合一疑母字读 n 声母，如"岸、袄、鳌"等；鼻音逢细音读 ȵ 声母，即效开二疑母字、山开二疑母字、山开三疑母入声字、梗开二疑母去声字读 ȵ 声母，如"硬、念、咬、孽"等；果开一疑母字、果合一疑母平声字、流开一疑影母字、梗开二疑母入声字读 ŋ 声母，如"我、鹅、饿"等。

（4）遇合三鱼韵泥母字读明母，如"女"读 m 声母。个别古全浊今读塞音塞擦音的仄声字读送气音，如"跪"声母读 kʻ。

2. 韵母：32 个，不包括儿化韵

ɿ 子词四私　　i 备眉女泥　　u 不祖绿雾　　y 菊取徐育

ʅ 支纸齿柿

E 二耳儿尔

a 八打榨袜　　ia 牙家夏哑　　ua 抓耍瓜话

ə 婆蛇割色　　　　　　　　　uə 多左果祸

ɛ 摆贷街鞋　　iɛ 灭铁麦白　　uɛ 帅乖快怀　　yɛ 脚学月药

ei 百妹客黑　　　　　　　　　uei 对内瑞雷

ɔ 饱保桃烧　　iɔ 浇巧咬晓

əu 斗口丑收　　iəu 有牛六救

an 胆三千含　　ian 边片天脸　　uan 船端团官　　yan 圈宣卷权

aŋ　　　　　　帮王挡夯　　　iaŋ 江良香娘　　uaŋ 装窗光慌

əŋ 根庚温翁　　ieŋ 紧心邻灵　　ueŋ 村魂红横　　yəŋ 群琼穷胸

音韵特点：

（1）遇合三鱼韵泥（娘）母字"女"读 i 韵母，与"泥迷"相同。

（2）梗开二陌麦韵帮组部分字"麦白"等读 iɛ 韵母，与"灭铁"相同。

（3）阳声韵字都读鼻化音，其中臻梗通摄字前后鼻韵母不分。

3. 声调：临夏市平声一个调类（入声归平声）、仄声一个调类，即"平入声"和"上去声"，轻声在外。

平入声　13：高开三，红同穷，铁拉局

上去声　53：古水好，五老有，抱近厚盖大病

特点是平声单字调不分阴阳，古全浊上声归去声，所有入声归平声，据此归入中原官话河州片。

（二）音系比较

1. 相同点

（1）古城村、罗川村话与临夏话凡果合一、假合二、遇合一、蟹合一、山合一二、臻合一、宕合三、通合一影母字，止合三影母喻母字，假合二、遇合一疑母字都读 v 声母，如"窝、乌、蛙、唯、委"；无合口呼零声母。

（2）普通话部分读 ts、tsh、s 声母的字，古城村、罗川村话与临夏话分别读 tʂ、tʂ'、ʂ 声母。具体为：曾开三职韵庄组的"侧、测、色、啬"，梗开二陌韵的知庄组的"择、宅、窄"，梗开二麦韵的知庄组的"摘、责、策、册"等字。这些字都是入声字，演变成了与普通话不同的声母。

（3）三地方言泥（娘）来母不混；鼻音逢细音读 ȵ 声母，即效开二疑母字、山开二疑母字、山开三疑母入声字、梗开二疑母去声字读 ȵ 声母，如"硬、念、咬、孽"等；果开一疑母字、果合一疑母平声字、流开一疑影母字、梗开二疑母入声字临夏和古城村都读 ŋ 声母，如"我、鹅、饿"等。

（4）三地方言个别古全浊今读塞音塞擦音的仄声字读送气音，如"跪"声母读 k'。

（5）三地方言曾梗通摄韵母与深臻摄韵母相混，并且"混"的情况相同：都是深臻摄韵母混入了曾梗通摄韵母。

2. 不同点

（1）蟹摄开口影母字、效开一二等疑影母字，咸开一、山开一影母字，假合二、遇合一疑母字临夏读 n 声母，古城村、罗川村读 ŋ 声母，如"岸、袄、鳌"等。

（2）临夏方言梗开二陌麦韵帮组部分字"麦白"等读 iɛ 韵母，与"灭铁"相同；古城村、罗川村话都读 ə 韵母。

（3）临夏方言遇合三鱼韵泥母字读明母，如"女"读 m 声母，古城村、罗川村读 ȵ 声母。

（4）声调方面，兰州方言是阴阳上去四个声调，古全浊入声归阳平，其他入声归去声，属于兰银官话；古城村话是平上去三个声调，阴阳平合为一个调类，古入声字都归平声，属于中原官话陇中片。罗川村话是两个声调，阴阳平、上声和入声合为一个声调，全浊上和去声合为一个声调，据此归入中原官话河州片。

罗川村跟临夏市都是两个调类，但归并情况不同，可比较如下：

	第一声		第二声	
	调类来源	调值	调类来源	调值
罗川	平声、清上、次浊上、入声	13	全浊上、去声	53
临夏	平声、入声	13	清上、次浊上、全浊上、去声	53

莫超与陈贵辉、李泽琴、康小明在古城村调查方言（发音合作人窦衍玉、罗豆宝，罗宏宏摄）

古城村、罗川村方言与兰州市、临夏市方言比较表

	古城村	罗川村	兰州市	临夏市
声母音韵特点	1. 普通话的合口呼零声母字均做v声母。具体为：果合一、假合二、遇合一、蟹合一、山合一二、臻合一、宕合三、通合一影母字，止合三影母喻母字，假合二、遇合一疑母字读v声母，如"窝、乌、蛙、唯、委"；无合口呼零声母。	1. 普通话的合口呼零声母字均做v声母。具体为：果合一、假合二、遇合一、蟹合一、山合一二、臻合一、宕合三、通合一影母字，止合三影母喻母字，假合二、遇合一疑母字读v声母，如"窝、乌、蛙、唯、委"；无合口呼零声母。	1. 普通话的合口呼零声母字均做v声母。具体为：果合一、假合二、遇合一、蟹合一、山合一二、臻合一、宕合三、通合一影母字，止合三影母喻母字，假合二、遇合一疑母字读v声母，如"窝、乌、蛙、唯、委"；无合口呼零声母。	1. 普通话的合口呼零声母字均做v声母。具体为：果合一、假合二、遇合一、蟹合一、山合一二、臻合一、宕合三、通合一影母字，止合三影母喻母字，假合二、遇合一疑母字读v声母，如"窝、乌、蛙、唯、委"；无合口呼零声母。

续表

	古城村	罗川村	兰州市	临夏市
声母音韵特点	2. 咸开一、山开一影母字读ŋ声母，如"暗、岸"等；果开一疑母字、果合一疑母平声字、梗开二疑母入声字也读ŋ声母，如"我、鹅、饿"等；效开二疑母字、山开二疑母字、山开三疑母入声字、梗开二疑母去声字读ȵ声母，如"硬、念、咬、孽"等；泥母和来母洪音字不混；蟹开一二、效开一二、流开一的影母字读零声母，如"爱、袄、呕"等。	2. 蟹摄开口影母字、效开一二等疑影母字，咸开一、山开一影母字，假合二、遇合一疑母字读n声母，如"岸、袄、鳌"等；效开二疑母字、山开二疑母字、山开三疑母入声字、梗开二疑母去声字读ȵ声母，如"硬、念、咬、孽"等；果开一疑母字、果合一疑母平声字、流开一疑影母字、梗开二疑母入声字读ŋ声母，如"我、鹅、饿"等。鼻音和边音洪音字不混。	2. 普通话tʂ、tʂʻ、ʂ、ʐ四声母的合口呼字均作pf、pfʻ、f、v四声母。具体为：知母、庄、章母合口字、宕江二摄开口字、宕摄开口入声字、宕江摄和澄母、崇母开口仄声字读pf声母；彻母、初母、昌母合口字、宕江二摄开口字、宕摄开口平声字和入声字、澄母、崇母、船母合口平声字读pfʻ声母；生母、书母、禅母合口字、宕江二摄开口字、船母合口仄声字读f声母。	2. 泥（娘）来母不混；蟹摄开口影母字，咸山开一、效开一二疑影母字，假合二、遇合一疑母字读n声母，如"岸、袄、鳌"等；鼻音逢细音读ȵ声母，即效开二、山开二疑母字、山开三疑母入声字、梗开二疑母去声字读ȵ声母，如"硬、念、咬、孽"等；果开一疑母字、果合一疑母平声字、流开一疑影母字、梗开二疑母入声字读ŋ声母，如"我、鹅、饿"等。
	3. 普通话部分读ts、tsʻ、s声母的字，古城话分别读tʂ、tʂʻ、ʂ声母。具体为：曾开三职韵庄组的"侧、测、色、啬"，梗开二陌韵的知庄组的"择、宅、窄"，梗开二麦韵的知庄组的"摘、责、策、册"字分别读tʂ、tʂʻ、ʂ声母。	3. 普通话部分读ts、tsʻ、s声母的字，罗川话分别读tʂ、tʂʻ、ʂ声母。具体为：曾开三职韵庄组的"侧、测、色、啬"，梗开二陌韵的知庄组的"择、宅、窄"，梗开二麦韵的知庄组的"摘、责、策、册"等字。	3. 普通话部分读ts、tsʻ、s声母的字，兰州话分别读tʂ、tʂʻ、ʂ声母。具体为：曾开三职韵庄组的"侧、测、色、啬"，梗开二陌韵的知庄组的"择、宅、窄"，梗开二麦韵的知庄组的"摘、责、策、册"等字。	3. 普通话部分读ts、tsʻ、s声母的字，临夏话分别读tʂ、tʂʻ、ʂ声母。具体为：曾开三职韵庄组的"侧、测、色、啬"，梗开二陌韵的知庄组的"择、宅、窄"，梗开二麦韵的知庄组的"摘、责、策、册"等字。

续表

	古城村	罗川村	兰州市	临夏市
声母音韵特点	4. 部分蟹开二见母字（如"街"）、匣母字（如"鞋"）、江开二溪母字（如"腔"）、匣母字（如"巷"）有文白异读，可读 k、k'、x 声母，也可读 tɕ、tɕ'、ɕ 声母。	4. 有文白异读，有些字可以分别读 tɕ、tɕ'、ɕ 声母，也可分别读 k、k'、x 声母。具体为：部分蟹开二见母字（如"街"）、匣母字（如"鞋"）、江开二溪母字（如"腔"）、匣母字（如"巷"）。	4. n、l 声母不分，一般读 n 声母，如"兰怒难努"等。具体为：来自泥（娘）母、来母的所有属字。 5. 有文白异读，有些字可以分别读 tɕ、tɕ'、ɕ 声母，也可分别读 k、k'、x 声母。具体为：部分蟹开二见母字（如"街"）、匣母字（如"鞋"）、江开二溪母字（如"腔"）、匣母字（如"巷"）。	4. 遇合三鱼韵泥母字读明母，如"女"读 m 声母。个别古全浊今读塞音塞擦音的仄声字读送气音，如"跪"读 k'。
韵母音韵特点	1. 普通话 ai、ao 韵母读单韵母 ɛ、ɔ 韵母。具体为：蟹摄咍开一所有字，泰开一的舌齿牙喉字，皆开二的唇音字、照二字、牙喉部分字，佳开二、夬开二的所有字，支脂术合口三等的照二字读 ɛ 韵母；皆合二所有字，夬合二的牙音字等读 uɛ 韵母。效摄豪开一所有字，肴开二唇舌齿、影母字，宵开三的舌上、齿音字读 ɔ 韵母；肴开二牙喉字（影母字除外）。宵开三唇牙喉、齿头、来母字，萧开四所有属字读 ciɔ 韵母。	1. 普通话 ai、ao 韵母读单韵母 ɛ、ɔ 韵母。具体为：蟹摄咍开一所有字，泰开一的舌齿牙喉字，皆开二的唇音字、照二字、牙喉部分字，佳开二、夬开二的所有字，支脂术合口三等的照二字读 ɛ 韵母；皆合二所有字，夬合二的牙音字等读 uɛ 韵母。效摄豪开一所有字，肴开二唇舌齿、影母字，宵开三的舌上、齿音字读 ɔ 韵母；肴开二牙喉字（影母字除外）。宵开三唇牙喉、齿头、来母字，萧开四所有属字读 ciɔ 韵母。	1. 普通话 ai、ao 韵母读单韵母 ɛ、ɔ 韵母。具体为：蟹摄咍开一所有字，泰开一的舌齿牙喉字，皆开二的唇音字、照二字、牙喉部分字，佳开二、夬开二的所有字，支脂术合口三等的照二字读 ɛ 韵母；皆合二所有字，夬合二的牙音字等读 uɛ 韵母。效摄豪开一所有字，肴开二唇舌齿、影母字，宵开三的舌上、齿音字读 ɔ 韵母；肴开二牙喉字（影母字除外）。宵开三唇牙喉、齿头、来母字，萧开四所有属字读 ciɔ 韵母。	1. 普通话 ai、ao 韵母读单韵母 ɛ、ɔ 韵母。具体为：蟹摄咍开一所有字，泰开一的舌齿牙喉字，皆开二的唇音字、照二字、牙喉部分字，佳开二、夬开二的所有字，支脂术合口三等的照二字读 ɛ 韵母；皆合二所有字，夬合二的牙音字等读 uɛ 韵母。效摄豪开一所有字，肴开二唇舌齿、影母字，宵开三的舌上、齿音字读 ɔ 韵母；肴开二牙喉字（影母字除外）。宵开三唇牙喉、齿头、来母字，萧开四所有属字读 ciɔ 韵母。

续表

	古城村	罗川村	兰州市	临夏市
韵母音韵特点	2. 普通话 ən、əŋ 合为 əŋ 韵母，iən、iəŋ 合为 iəŋ 韵母，yən、yəŋ、iuŋ 合为 yəŋ 韵母。即：咸山摄字和宕江摄字韵母不混，曾梗通摄韵母与深臻摄韵母相混，后者并入了前者。	2. 普通话 ən、əŋ 合为 əŋ 韵母，iən、iəŋ 合为 iəŋ 韵母，yən、yəŋ、iuŋ 合为 yəŋ 韵母。即：咸山摄字和宕江摄字韵母不混，曾梗通摄韵母与深臻摄韵母相混，后者并入了前者。	2. 普通话 ən、əŋ 合为 nə 韵母，iən、iəŋ 合为 iəŋ 韵母，yən、yəŋ、iuŋ 合为 yəŋ 韵母。即：咸山摄字和宕江摄字韵母不混，曾梗通摄韵母与深臻摄韵母相混，前者并入了后者。	2. 普通话 ən、əŋ 合为 əŋ 韵母，in、iəŋ 合为 iəŋ 韵母，yən、yəŋ、iuŋ 合为 yəŋ 韵母。即：咸山摄字和宕江摄字韵母不混，曾梗通摄韵母与深臻摄韵母相混，后者并入了前者。 3. 遇合三鱼韵泥（娘）母字"女"读 i 韵母，与"泥迷"相同。止开三日母字"二、耳、儿"读 ɛ 韵母，与"爱矮挨"相同；曾开三职韵庄组字"色"也读 ɛ 韵母。梗开二陌麦韵帮组部分字"麦白"等读 iɛ 韵母，与"灭铁"相同。 4. 蟹开四齐韵端组字"低、体"等读 ʅ 韵母，与"资、赐"相同；止开三影母部分字也读 ʅ 韵母，如"衣椅"等。

续表

	古城村	罗川村	兰州市	临夏市
声调特点	声调三个 平声：13 高三飞河麻文铁学法合服 上声：53 古展纸死粉有往 去声：35 近柱盖帐共占谢貌用 特点： 平声不分阴阳；全浊上声归去声；入声都归平声。据此可判断，古城村方言属于中原官话陇中片。	声调二个 平上声：13 高飞麻文古展铁学合服 去声：53 近柱盖帐共占谢貌望用 特点： 阴阳平、上声（全浊上除外）、入声合为一个调类；全浊上、去声为一个调类。据此可判断，刘家峡镇罗川村方言属于中原官话河州片。	声调四个 阴平：53 方天初高猪低开偏 阳平：51 房甜穷唐平扶拔罚 上声：44 粉短纸展比有老暖 去声：13 盖帐醉变近厚雪桌 特点： 古全浊入声归阳平，其他入声归去声，属于兰银官话金城片。	声调二个 平入声：13 高开三，红同穷，铁拉局 上去声：53 古水好，五老有，抱近厚盖大病 特点： 平声单字调不分阴阳，古全浊上声归去声，所有入声归平声。属于中原官话河州片。

大川村民参加当地文化活动（史有东摄）

第四节　太极镇1000个单字字音表

依据教育部语言文字信息管理司、中国语言资源保护研究中心编著的《中国语言资源调查手册·汉语方言》（商务印书馆2015年版）的字音对照表，我们以太极镇古城村方言为例，对太极镇1000个单字音作一描述：

摄	等	呼	韵	小韵	声	调	例字
果	一	开	歌	哿	定	上	舵 tuə^{35}
果	一	开	歌	歌	来	平	罗 luə^{13}
果	一	开	歌	哿	精	上	左 tsuə^{53}
果	一	开	歌	歌	见	平	歌 kə^{13}
果	一	开	歌	歌	匣	平	河 xuə^{13}
假	二	开	麻	麻	帮	平	巴 pa^{13}
□假	二	开	麻	麻	泥	平	拿 na^{13}
假	二	开	麻	麻	澄	平	茶 tʂ'a^{13}
假	二	开	麻	麻	照	平	查 tʂ'a^{13}
假	二	开	麻	麻	生	平	沙 ʂa^{13}
假	二	开	麻	麻	见	平	家 tɕia^{13}
假	二	开	麻	麻	疑	平	牙 ia^{13}
假	二	开	麻	麻	晓	平	虾 ɕia^{13}
假	二	开	麻	马	匣	上	下 ɕia^{35}/xa^{35}
假	二	开	麻	麻	影	平	鸦 ia^{13}
假	三	开	麻	麻	邪	平	斜 ɕiɛ^{13}
假	三	开	麻	祃	邪	去	谢 ɕiɛ^{35}
假	三	开	麻	麻	船	平	蛇 ʂə^{13}
假	三	开	麻	祃	船	去	射 ʂə^{35}
假	三	开	麻	马	禅	上	社 ʂə^{35}
假	三	开	麻	马	日	上	惹 zə^{53}
假	三	开	麻	马	以	上	野 iɛ^{53}
果	一	合	戈	过	滂	去	破 p'ə^{35}

续表

摄	等	呼	韵	小韵	声	调	例字
果	一	合	戈	戈	并	平	婆 p'ə¹³
果	一	合	戈	果	透	上	妥 t'uə⁵³
果	一	合	戈	戈	来	平	骡 luə¹³
果	一	合	戈	果	从	上	坐 tsuə³⁵
果	一	合	戈	过	溪	去	课 k'uə³⁵
果	一	合	戈	过	疑	去	卧 və³⁵
果	一	合	戈	果	匣	上	祸 xuə³⁵
果	一	合	戈	戈	影	平	窝 uə¹³
假	二	合	麻	麻	庄	平	抓 tʂua¹³
假	二	合	麻	马	生	上	耍 ʂua⁵³
假	二	合	麻	麻	见	平	瓜 kua¹³
假	二	合	麻	麻	溪	平	夸 k'ua
假	二	合	麻	马	疑	上	瓦 va⁵³
假	二	合	麻	祃	晓	去	化 xua³⁵
假	二	合	麻	麻	影	平	蛙 va¹³
果	三	合	戈	戈	晓	平	靴 çyɛ¹³
遇	一	合	模	暮	并	去	步 pu³⁵
遇	一	合	模	暮	明	去	暮 mu³⁵
遇	一	合	模	姥	透	上	土 t'u⁵³
遇	一	合	模	暮	定	上	杜 tu³⁵
遇	一	合	模	模	泥	平	奴 nu¹³
遇	一	合	模	暮	心	去	素 su³⁵
遇	一	合	模	模	见	平	孤 ku¹³
遇	一	合	模	姥	匣	上	户 xu³⁵
遇	一	合	模	模	影	平	乌 vu¹³
遇	三	合	鱼	语	泥	上	女 ŋy⁵³
遇	三	合	鱼	语	来	上	吕 ŋy⁵³
遇	三	合	鱼	鱼	来	平	驴 ŋy¹³
遇	三	合	鱼	鱼	邪	平	徐 çy¹³
遇	三	合	鱼	语	邪	上	序 çy³⁵
遇	三	合	鱼	鱼	知	平	猪 tʂu¹³

续表

摄	等	呼	韵	小韵	声	调	例字	
遇	三	合	鱼	语	初	上	楚	tʂ'u⁵³
遇	三	合	鱼	鱼	崇	平	锄	tʂ'u¹³
遇	三	合	鱼	御	崇	去	助	tʂu³⁵
遇	三	合	鱼	语	生	上	所	ʂuə⁵³
遇	三	合	鱼	鱼	章	平	诸	tʂu¹³
遇	三	合	鱼	鱼	日	平	如	ʐu¹³
遇	三	合	鱼	语	群	上	巨	tɕy³⁵
遇	三	合	鱼	语	晓	上	许	ɕy⁵³
遇	三	合	鱼	鱼	以	平	余	y¹³
遇	三	合	虞	遇	奉	去	附	fu⁵³
遇	三	合	虞	麌	微	上	武	vu⁵³
遇	三	合	虞	麌	来	上	缕	lu⁵³
遇	三	合	虞	麌	从	上	聚	tɕy³⁵
遇	三	合	虞	麌	澄	上	柱	tʂu³⁵
遇	三	合	虞	麌	生	上	数	ʂu³⁵
遇	三	合	虞	遇	禅	去	树	ʂu³⁵
遇	三	合	虞	虞	日	平	儒	ʐu¹³
遇	三	合	虞	遇	见	去	句	tɕy³⁵
遇	三	合	虞	虞	疑	平	愚	y¹³
遇	三	合	虞	麌	云	上	羽	y³⁵
蟹	一	开	咍	代	定	去	代	tɛ³⁵
蟹	一	开	咍	海	泥	上	乃	nɛ⁵³
蟹	一	开	咍	咍	精	平	灾	tsɛ¹³
蟹	一	开	咍	代	精	去	再	tsɛ³⁵
蟹	一	开	咍	海	清	上	采	ts'ɛ⁵³
蟹	一	开	咍	海	从	上	在	tsɛ³⁵
蟹	一	开	咍	咍	心	平	腮	sɛ¹³
蟹	一	开	咍	代	心	去	赛	sɛ³⁵
蟹	一	开	咍	咍	见	平	该	kɛ¹³
蟹	一	开	咍	海	晓	上	海	xɛ⁵³
蟹	一	开	咍	海	匣	上	亥	xɛ³⁵

续表

摄	等	呼	韵	小韵	声	调	例字
蟹	一	开	咍	咍	影	平	哀 ŋɛ¹³
蟹	一	开	泰	泰	透	去	泰 tɛ³⁵
蟹	一	开	泰	泰	来	去	赖 lɛ³⁵
蟹	一	开	泰	泰	清	去	蔡 tsʻɛ³⁵
蟹	一	开	泰	泰	疑	去	艾 ŋɛ³⁵
蟹	一	开	泰	泰	匣	去	害 xɛ³⁵
蟹	二	开	皆	怪	帮	去	拜 pɛ³⁵
蟹	二	开	皆	皆	庄	平	斋 tʂɛ¹³
蟹	二	开	佳	佳	生	平	筛 ʂɛ⁵³
蟹	二	开	皆	怪	见	去	介 tɕiɛ³⁵
蟹	二	开	皆	骇	溪	上	楷 kʻɛ⁵³
蟹	二	开	皆	皆	匣	平	谐 ɕiɛ¹³
蟹	二	开	佳	卦	滂	去	派 pʻɛ³⁵
蟹	二	开	佳	蟹	明	上	买 mɛ⁵³
蟹	二	开	佳	蟹	泥	上	奶 nɛ⁵³
蟹	二	开	佳	卦	庄	去	债 tʂɛ³⁵
蟹	二	开	佳	佳	见	平	佳 tɕia¹³
蟹	二	开	佳	佳	见	平	街 tɕiɛ¹³/ kɛ¹³
蟹	二	开	佳	蟹	见	上	解解开 tɕiɛ⁵³/ kɛ⁵³
蟹	二	开	佳	佳	疑	平	涯 ia¹³
蟹	二	开	佳	佳	疑	平	崖 ŋɛ¹³
蟹	二	开	佳	佳	匣	平	鞋 ɕiɛ¹³/ xɛ¹³
蟹	二	开	佳	蟹	影	上	矮 ŋɛ⁵³
蟹	二	开	夬	夬	并	去	败 pɛ³⁵
蟹	二	开	夬	夬	崇	去	寨 tʂɛ³⁵
蟹	三	开	祭	祭	并	去	敝 pʻiɛ³⁵
蟹	三	开	祭	祭	来	去	例 li³⁵
蟹	三	开	祭	祭	精	去	祭 tɕi³⁵
蟹	三	开	祭	祭	澄	去	滞 tʂɿ⁵³
蟹	三	开	祭	祭	书	去	世 ʂɿ³⁵
蟹	三	开	祭	祭	疑	去	艺 i³⁵

续表

摄	等	呼	韵	小韵	声	调	例字
蟹	四	开	齐	霁	帮	去	闭 pi³⁵
蟹	四	开	齐	荠	明	上	米 mi⁵³
蟹	四	开	齐	荠	端	上	底 ti⁵³
蟹	四	开	齐	齐	泥	平	泥 ȵi¹³
蟹	四	开	齐	齐	心	平	西 ɕi¹³
蟹	四	开	齐	霁	见	去	计 tɕi³⁵
蟹	四	开	齐	霁	匣	去	系 ɕi³⁵
蟹	一	合	灰	贿	并	上	倍 pei³⁵
蟹	一	合	灰	灰	明	平	梅 mei¹³
蟹	一	合	灰	灰	端	平	堆 tuei¹³
蟹	一	合	灰	灰	透	平	推 t'uei¹³
蟹	一	合	灰	队	透	去	退 t'uei³⁵
蟹	一	合	灰	队	泥	去	内 nuei³⁵
蟹	一	合	灰	贿	从	上	罪 tsuei³⁵
蟹	一	合	灰	灰	疑	平	桅 vei³⁵
蟹	一	合	灰	灰	晓	平	灰 xuei¹³
蟹	一	开	泰	泰	帮	去	贝 pei³⁵
蟹	一	合	泰	泰	定	去	兑 tuei³⁵
蟹	一	合	泰	泰	精	去	最 tsuei³⁵
蟹	一	合	泰	泰	疑	去	外 vɛ³⁵
蟹	一	合	泰	泰	晓	去	会 开会 xuei³⁵
蟹	二	合	皆	怪	见	去	怪 kuɛ³⁵
蟹	二	合	皆	皆	匣	平	怀 xuɛ¹³
蟹	二	合	佳	卦	见	去	挂 kua³⁵
蟹	二	合	皆	卦	匣	去	画 xua³⁵
蟹	二	合	夬	夬	群	去	快 k'uɛ³⁵
蟹	二	合	夬	夬	匣	去	话 xua³⁵
蟹	三	合	祭	祭	清	去	脆 ts'uei³⁵
蟹	三	合	祭	祭	心	去	岁 suei³⁵
蟹	三	合	祭	祭	知	去	缀 tʂuei³⁵
蟹	三	合	祭	祭	书	去	税 ʂuei³⁵

续表

摄	等	呼	韵	小韵	声	调	例字
蟹	三	合	祭	祭	云	去	卫 vei^{35}
蟹	三	合	废	废	非	去	肺 fei^{35}
蟹	四	合	齐	霁	见	去	桂 kuei^{35}
蟹	四	合	齐	霁	匣	去	惠 xuei^{35}
止	三	开	脂	旨	帮	上	比 pi^{53}
止	三	开	脂	至	定	去	地 ti^{35}
止	三	开	脂	脂	泥	平	尼 ɲi^{13}
止	三	开	脂	至	从	去	自 tsɿ^{35}
止	三	开	脂	脂	澄	平	迟 tʂ'ʅ^{13}
止	三	开	脂	脂	生	平	狮 sʅ^{13}
止	三	开	脂	脂	生	平	师 sʅ^{13}
止	三	开	脂	至	船	去	示 sʅ^{35}
止	三	开	脂	至	禅	去	视 sʅ^{35}
止	三	开	脂	至	日	去	二 ɯ^{35}
止	三	开	脂	至	溪	去	器 tɕ'i^{35}
止	三	开	脂	脂	以	平	夷 i^{13}
止	三	开	之	止	来	上	李 li^{53}
止	三	开	之	之	邪	平	辞 ts'ɿ^{13}
止	三	开	之	之	邪	平	词 ts'ɿ^{13}
止	三	开	之	志	从	去	字 tsɿ^{35}
止	三	开	之	止	彻	上	耻 tʂ'ʅ^{53}
止	三	开	之	志	澄	去	治 tʂʅ^{35}
止	三	开	之	止	崇	上	士 sʅ^{35}
止	三	开	之	志	崇	去	事 sʅ^{35}
止	三	开	之	止	崇	上	俟 sʅ^{35}
止	三	开	之	止	昌	上	齿 tʂ'ʅ^{53}
止	三	开	之	之	禅	平	时 tʂʅ^{13}
止	三	开	之	之	日	平	而 ɯ^{13}
止	三	开	之	志	群	去	忌 tɕi^{35}
止	三	开	之	之	疑	平	疑 i^{13}
止	三	开	之	止	晓	上	喜 ɕi^{53}

续表

摄	等	呼	韵	小韵	声	调	例字
止	三	开	之	止	云	上	矣 i¹³
止	三	开	支	支	帮	平	卑 pi¹³
止	三	开	支	寘	帮	平	臂 pi¹³
止	三	开	支	支	来	平	离 离别 li¹³
止	三	开	支	支	心	平	斯 sɿ¹³
止	三	开	支	支	知	平	知 tʂʅ¹³
止	三	开	支	支	书	平	施 ʂʅ¹³
止	三	开	支	支	禅	平	匙 ʂʅ¹³
止	三	开	支	纸	日	上	尔 ɯ⁵³
止	三	开	支	支	群	平	奇 tɕʻi¹³
止	三	开	支	支	疑	平	宜 i¹³
止	三	开	支	寘	疑	去	义 i³⁵
止	三	开	支	寘	晓	去	戏 çi³⁵
止	三	开	支	支	以	平	移 i¹³
止	三	开	微	未	溪	去	气 tɕʻi³⁵
止	三	开	微	微	晓	平	希 çi¹³
止	三	开	微	微	影	平	衣 i¹³
止	三	开	脂	脂	帮	平	悲 pei¹³
止	三	开	脂	脂	滂	平	丕 pʻei⁵³
止	三	合	脂	至	来	去	类 luei³⁵
止	三	合	脂	至	清	去	翠 tsʻuei³⁵
止	三	合	脂	脂	知	平	追 tʂuei¹³
止	三	合	脂	脂	生	平	衰 ʂuɛ¹³
止	三	合	脂	至	生	去	帅 ʂuɛ³⁵
止	三	合	脂	脂	章	平	锥 tʂuei¹³
止	三	合	脂	旨	书	上	水 ʂuei⁵³
止	三	合	脂	脂	禅	平	谁 ʂuei¹³
止	三	合	脂	至	群	去	柜 kuei³⁵
止	三	合	脂	至	云	去	位 vei³⁵
止	三	开	支	支	帮	平	碑 pei¹³
止	三	开	支	纸	帮	平	彼 pi⁵³

续表

摄	等	呼	韵	小韵	声	调	例字
止	三	合	支	寘	来	去	累 连累 luei^{35}
止	三	合	支	纸	精	上	嘴 tsuei^{53}
止	三	合	支	纸	初	上	揣 tʂ'uɛ^{13}
止	三	合	支	支	禅	平	垂 tʂ'uei^{13}
止	三	合	支	纸	日	上	蕊 ʐuei^{35}
止	三	合	支	支	溪	平	亏 k'uei^{13}
止	三	合	支	纸	晓	上	毁 xuei^{53}
止	三	合	支	纸	影	上	委 vei^{53}
止	三	合	微	未	敷	去	费 fei^{35}
止	三	合	微	微	奉	平	肥 fei^{13}
止	三	合	微	未	微	去	未 vei^{35}
止	三	合	微	微	见	平	归 kuei^{13}
止	三	合	微	微	晓	平	徽 xuei^{13}
止	三	合	微	微	影	平	威 vei^{13}
效	一	开	豪	豪	并	平	袍 p'ɔ^{13}
效	一	开	豪	号	明	去	帽 mɔ^{35}
效	一	开	豪	豪	端	平	刀 tɔ^{13}
效	一	开	豪	豪	来	平	牢 lɔ^{13}
效	一	开	豪	皓	清	上	草 ts'ɔ^{53}
效	一	开	豪	号	见	去	告 kɔ^{35}
效	一	开	豪	豪	匣	平	毫 xɔ^{13}
效	一	开	豪	号	影	去	奥 ŋɔ^{35}
效	二	开	肴	效	滂	去	炮 p'ɔ^{35}
效	二	开	肴	效	明	去	貌 mɔ^{35}
效	二	开	肴	效	泥	去	闹 nɔ^{35}
效	二	开	肴	效	知	去	罩 tʂɔ^{35}
效	二	开	肴	巧	初	上	炒 tʂ'ɔ^{53}
效	二	开	肴	肴	溪	平	敲 tɕ'iɔ^{13}/k'ɔ^{13}
效	二	开	肴	巧	疑	上	咬 ŋiɔ^{53}
效	二	开	肴	效	匣	去	孝 ɕiɔ^{35}
效	三	开	宵	宵	滂	平	飘 p'iɔ^{13}

续表

摄	等	呼	韵	小韵	声	调	例字	
效	三	开	宵	宵	来	平	燎	liɔ¹³
效	三	开	宵	宵	心	平	消	ɕiɔ¹³
效	三	开	宵	小	澄	上	赵	tʂɔ³⁵
效	三	开	宵	小	禅	上	绍	ʂɔ¹³
效	三	开	宵	宵	日	平	饶	zɔ¹³
效	三	开	宵	笑	群	去	轿	tɕiɔ³⁵
效	三	开	宵	宵	晓	平	嚣	ɕiɔ¹³
效	三	开	宵	宵	影	平	妖	iɔ¹³
效	三	开	宵	宵	以	平	摇	iɔ¹³
效	四	开	萧	萧	定	平	条	t'iɔ¹³
效	四	开	萧	筱	泥	上	鸟	ȵiɔ⁵³
效	四	开	萧	萧	来	平	聊	liɔ¹³
效	四	开	萧	萧	心	平	萧	ɕiɔ¹³
效	四	开	萧	啸	见	去	叫	tɕiɔ³⁵
效	四	开	萧	萧	疑	平	尧	iɔ¹³
效	四	开	萧	筱	晓	上	晓	ɕiɔ⁵³
流	一	开	侯	厚	明	上	某	mu⁵³
流	一	开	侯	厚	明	上	亩	mu³⁵
流	一	开	侯	厚	明	上	母	mu⁵³
流	一	开	侯	候	明	去	茂	mɔ³⁵
流	一	开	侯	候	定	去	豆	təu³⁵
流	一	开	侯	候	来	去	漏	ləu³⁵
流	一	开	侯	候	精	去	奏	tsəu³⁵
流	一	开	侯	侯	见	平	沟	kəu¹³
流	一	开	侯	厚	溪	上	口	k'əu⁵³
流	一	开	侯	厚	疑	上	藕	ŋəu⁵³
流	一	开	侯	侯	匣	平	侯	xəu¹³
流	一	开	侯	侯	影	平	欧	ŋəu¹³
流	三	开	尤	有	非	上	否	fu⁵³
流	三	开	尤	有	奉	上	妇	fu³⁵
流	三	开	尤	尤	奉	平	浮	fu¹³

续表

摄	等	呼	韵	小韵	声	调	例字
流	三	开	尤	有	泥	上	纽 ȵiəu⁵³
流	三	开	尤	尤	清	平	秋 tɕ'iəu¹³
流	三	开	尤	尤	邪	平	囚 tɕ'iəu¹³
流	三	开	尤	宥	邪	去	袖 ɕiəu³⁵
流	三	开	尤	尤	澄	平	绸 tʂ'əu¹³
流	三	开	尤	尤	崇	平	愁 tʂ'əu¹³
流	三	开	尤	宥	生	去	瘦 ʂəu³⁵
流	三	开	尤	尤	章	平	周 tʂəu¹³
流	三	开	尤	尤	禅	平	仇 tʂ'əu¹³
流	三	开	尤	宥	禅	去	寿 ʂəu³⁵
流	三	开	尤	尤	日	平	柔 ʐəu¹³
流	三	开	尤	有	群	上	舅 tɕiəu³⁵
流	三	开	尤	尤	泥	平	牛 ȵiou¹³
流	三	开	尤	尤	晓	平	休 ɕiəu¹³
流	三	开	尤	尤	以	平	由 iəu¹³
流	三	开	幽	幽	帮	平	彪 piɔ¹³
流	三	开	幽	幼	明	去	缪 miɔ³⁵
流	三	开	幽	幽	端	平	丢 tiəu¹³
流	三	开	幽	黝	见	上	纠 tɕiəu¹³
流	三	开	尤	尤	影	平	忧 iəu¹³
流	三	开	幽	幼	影	去	幼 iəu³⁵
咸	一	开	覃	覃	透	平	贪 t'an¹³
咸	一	开	覃	覃	定	平	潭 t'an¹³
咸	一	开	覃	覃	泥	平	南 nan¹³
咸	一	开	覃	感	清	上	惨 ts'an¹³
咸	一	开	覃	覃	从	平	蚕 tʂ'an¹³
咸	一	开	覃	感	见	上	感 kan⁵³
咸	一	开	覃	覃	匣	平	含 xan¹³
咸	一	开	覃	覃	影	平	庵 ŋan¹³
咸	一	开	合	合	端	入	答 ta¹³
咸	一	开	合	合	泥	入	纳 na¹³

续表

摄	等	呼	韵	小韵	声	调	例字
咸	一	开	合	合	从	入	杂 tsa¹³
咸	一	开	合	合	见	入	鸽 kə¹³
咸	一	开	合	合	晓	入	喝喝酒 xə¹³ / xuə¹³
咸	一	开	谈	谈	定	平	谈 tʻan¹³
咸	一	开	谈	谈	来	平	蓝 lan¹³
咸	一	开	谈	阚	从	去	暂 tʂan³⁵
咸	一	开	谈	敢	见	上	敢 kan⁵³
咸	一	开	谈	谈	匣	平	酣 xan¹³
咸	一	开	盍	盍	透	入	塔 tʻa¹³
咸	一	开	盍	盍	来	入	腊 la¹³
咸	二	开	咸	陷	知	去	站 tʂan³⁵
咸	二	开	咸	豏	庄	上	斩 tʂan³⁵
咸	二	开	咸	豏	见	上	减 tɕian⁵³
咸	二	开	咸	陷	匣	去	陷 ɕian³⁵
咸	二	开	洽	洽	知	入	扎 tʂa¹³
咸	二	开	洽	洽	初	入	插 tʂʻa¹³
咸	二	开	洽	洽	崇	入	炸 tʂa³⁵
咸	二	开	洽	洽	崇	入	闸 tʂa³⁵
咸	二	开	洽	洽	溪	入	恰 tɕʻia⁵³
咸	二	开	洽	洽	匣	入	狭 ɕia¹³
咸	二	开	衔	衔	生	平	衫 ʂan¹³
咸	二	开	衔	衔	见	平	监 tɕian¹³
咸	二	开	衔	衔	匣	平	衔 ɕian¹³
咸	二	开	狎	狎	见	入	甲 tɕia¹³
咸	二	开	狎	狎	匣	入	匣 ɕia¹³
咸	二	开	狎	狎	影	入	鸭 ia¹³
咸	三	开	盐	琰	帮	上	贬 pian⁵³
咸	三	开	盐	盐	来	平	廉 lian¹³
咸	三	开	盐	琰	从	上	渐 tɕian³⁵
咸	三	开	盐	盐	知	上	沾 tʂan¹³
咸	三	开	盐	琰	书	上	陕 ʂan⁵³

续表

摄	等	呼	韵	小韵	声	调	例字
咸	三	开	盐	琰	日	上	染 ʐan⁵³
咸	三	开	盐	盐	群	平	钳 tɕ'ian¹³
咸	三	开	盐	艳	疑	去	验 ian³⁵
咸	三	开	盐	琰	晓	上	险 ɕian⁵³
咸	三	开	盐	艳	影	去	厌 ian³⁵
咸	三	开	盐	盐	以	平	盐 ian¹³
咸	三	开	叶	叶	泥	入	聂 ȵie¹³
咸	三	开	叶	叶	精	入	接 tɕie¹³
咸	三	开	叶	叶	章	入	辄 tʂə¹³
咸	三	开	叶	叶	禅	入	涉 ʂə¹³
咸	三	开	叶	叶	以	入	叶 iɛ¹³
咸	三	开	严	严	疑	平	严 ian¹³
咸	三	开	严	严	影	平	腌 ian¹³
咸	三	开	业	业	群	入	怯 tɕ'iɛ¹³
咸	三	开	业	业	疑	入	业 iɛ¹³
咸	三	开	业	业	晓	入	胁 ɕiɛ¹³
咸	四	开	添	掭	端	去	店 tian³⁵
咸	四	开	添	添	定	平	甜 t'ian¹³
咸	四	开	添	掭	泥	去	念 ȵian³⁵
咸	四	开	添	添	溪	平	谦 tɕ'ian¹³
咸	四	开	添	添	匣	平	嫌 ɕian¹³
咸	四	开	帖	帖	透	入	帖 t'iɛ¹³
咸	四	开	帖	帖	泥	入	镊 ȵie¹³
咸	四	开	帖	帖	匣	入	协 ɕiɛ¹³
咸	四	开	帖	帖	见	入	挟 ɕiɛ¹³
咸	三	合	凡	凡	奉	平	凡 fan¹³
咸	三	合	凡	范	奉	上	范 fan³⁵
咸	三	合	乏	乏	非	入	法 fa¹³
咸	三	合	凡	梵	溪	去	欠 tɕ'ian³⁵
山	一	开	寒	寒	端	平	单 单独 tan¹³
山	一	开	寒	寒	泥	平	难 难易 nan¹³

续表

摄	等	呼	韵	小韵	声	调	例字
山	一	开	寒	翰	精	去	赞 tsan^{35}
山	一	开	寒	寒	清	平	餐 ts'an^{13}
山	一	开	寒	寒	见	平	干 kan^{35}
山	一	开	寒	寒	溪	平	看$_{看守}$ k'an^{13}
山	一	开	寒	翰	晓	去	汉 xan^{35}
山	一	开	寒	寒	影	平	安 ŋan^{13}
山	一	开	曷	曷	定	入	达 ta^{13}
山	一	开	曷	曷	来	入	辣 la^{13}
山	一	开	曷	曷	心	入	撒$_{撒手}$ sa^{53}
山	一	开	曷	曷	见	入	割 kə^{13}
山	一	开	曷	曷	晓	入	喝$_{喝彩}$ xə^{13}/xuə^{13}
山	二	开	山	裥	滂	去	盼 p'an^{35}
山	二	开	山	裥	并	去	办 pan^{35}
山	二	开	山	裥	澄	去	绽 tʂan^{35}
山	二	开	山	山	生	平	山 ʂan^{13}
山	二	开	山	产	疑	上	眼 ian^{53}
山	二	开	山	产	匣	上	限 çian^{35}
山	二	开	山	辖	崇	入	铡 tʂa^{13}
山	二	开	山	辖	生	入	刹 ʂa^{13}
山	二	开	山	辖	晓	入	瞎 çia^{13}/xa^{13}
山	二	开	删	潸	帮	上	板 pan^{53}
山	二	开	删	谏	明	去	慢 man^{35}
山	二	开	删	谏	崇	去	栈 tʂan^{35}
山	二	开	删	删	见	平	奸 tçian^{13}
山	二	开	删	谏	影	去	晏 ian^{35}
山	二	开	山	黠	并	入	拔 pa^{13}
山	二	开	山	黠	初	入	察 tʂ'a^{13}
山	二	开	山	黠	生	入	杀 ʂa^{13}
山	二	开	山	黠	影	入	轧 tʂa^{13}
山	三	开	仙	狝	并	上	辨 pian^{35}
山	三	开	仙	仙	明	平	棉 mian^{13}

续表

摄	等	呼	韵	小韵	声	调	例字
山	三	开	仙	仙	来	平	联 lian¹³
山	三	开	仙	狝	精	上	剪 tɕian⁵³
山	三	开	仙	仙	从	平	钱 tɕʻian¹³
山	三	开	仙	狝	知	上	展 tʂan⁵³
山	三	开	仙	仙	禅	平	蝉 tʂʻan¹³
山	三	开	仙	线	书	去	扇扇子 ʂan³⁵
山	三	开	仙	仙	日	平	然 ʐan¹³
山	三	开	仙	狝	群	上	件 tɕian³⁵
山	三	开	仙	狝	以	上	演 ian⁵³
山	三	开	薛	薛	明	入	灭 miɛ¹³
山	三	开	薛	薛	来	入	列 liɛ¹³
山	三	开	薛	薛	心	入	薛 ɕyɛ¹³
山	三	开	薛	薛	澄	入	辙 tʂə¹³
山	三	开	薛	薛	书	入	设 ʂə¹³
山	三	开	薛	薛	日	入	热 ʐə¹³
山	三	开	薛	薛	群	入	杰 tɕiɛ¹³
山	三	开	薛	薛	疑	入	孽 ɲiɛ¹³
山	三	开	元	愿	群	去	健 tɕian³⁵
山	三	开	元	元	疑	平	言 ian¹³
山	三	开	元	愿	晓	去	宪 ɕian³⁵
山	三	开	月	月	群	入	竭 tɕiɛ¹³
山	三	开	月	月	晓	入	歇 ɕiɛ¹³
山	三	开	月	月	影	入	谒 iɛ¹³
山	四	开	先	先	帮	平	边 pian¹³
山	四	开	先	霰	滂	去	片 pʻian⁵³
山	四	开	先	铣	端	上	典 tian⁵³
山	四	开	先	先	泥	平	年 ɲian¹³
山	四	开	先	先	清	平	千 tɕʻian¹³
山	四	开	先	先	从	平	前 tɕʻian¹³
山	四	开	先	霰	疑	去	砚 ian³⁵
山	四	开	先	先	匣	平	贤 ɕian¹³

续表

摄	等	呼	韵	小韵	声	调	例字
山	四	开	先	先	影	平	烟 ian¹³
山	四	开	屑	屑	滂	入	撇 pʻiɛ⁵³
山	四	开	屑	屑	定	入	跌 tiɛ¹³
山	四	开	屑	屑	泥	入	捏 ȵiɛ¹³
山	四	开	屑	屑	精	入	节 tɕiɛ¹³
山	四	开	屑	屑	见	入	结 tɕiɛ¹³
山	四	开	屑	屑	疑	入	臬 ȵiɛ¹³
山	四	开	屑	屑	影	入	噎 iɛ¹³
山	一	合	桓	换	滂	去	判 pʻan³⁵
山	一	合	桓	桓	定	平	团 tʻuan¹³
山	一	合	桓	换	来	去	乱 luan³⁵
山	一	合	桓	换	心	去	算 suan³⁵
山	一	合	桓	桓	见	平	官 kuan¹³
山	一	合	桓	桓	晓	平	欢 xuan¹³
山	一	合	桓	换	匣	去	换 xuan³⁵
山	一	合	桓	缓	影	上	碗 van⁵³
山	一	合	末	末	明	入	末 mə¹³
山	一	合	末	末	透	入	脱 tʻuə¹³
山	一	合	末	末	溪	入	阔 kʻuə¹³
山	一	合	末	末	匣	入	活 xuə¹³
山	二	合	辖	辖	生	入	刷 ʂua¹³
山	二	合	山	山	见	平	鳏 kuan¹³
山	二	合	辖	辖	见	入	刮 kua¹³
山	二	合	山	裥	匣	去	幻 xuan³⁵
山	二	合	删	删	生	平	闩 ʂuan³⁵
山	二	合	删	谏	见	去	惯 kuan³⁵
山	二	合	删	删	匣	平	还还原xuan³
山	二	合	删	删	匣	平	环 xuan¹³
山	二	合	删	删	影	平	弯 van¹³
山	二	合	黠	黠	匣	入	滑 xua¹³
山	二	合	黠	黠	影	入	挖 va¹³

续表

摄	等	呼	韵	小韵	声	调	例字
山	三	合	仙	线	来	去	恋 lian^{13}
山	三	合	仙	仙	从	平	全 tɕ'yan^{13}
山	三	合	仙	仙	邪	平	旋 ɕyan^{13}
山	三	合	仙	狝	澄	上	篆 tʂuan^{35}
山	三	合	仙	仙	船	平	船 tʂ'uan^{13}
山	三	合	仙	狝	日	上	软 ʐuan^{53}
山	三	合	仙	线	群	去	倦 tɕyan^{35}
山	三	合	仙	线	云	去	院 yan^{35}
山	三	合	薛	薛	来	入	劣 liɛ^{13}
山	三	合	薛	薛	从	入	绝 tɕyɛ^{13}
山	三	合	薛	薛	知	入	辍 tʂ'uə^{35}
山	三	合	薛	薛	章	入	拙 tʂuə^{13}
山	三	合	薛	薛	溪	入	缺 tɕ'yɛ^{31}
山	三	合	薛	薛	以	入	阅 yɛ^{13}
山	三	合	元	元	敷	平	翻 fan^{13}
山	三	合	元	阮	微	上	晚 van^{53}
山	三	合	元	元	疑	平	元 yan^{13}
山	三	合	元	元	晓	平	喧 ɕyan^{13}
山	三	合	元	元	云	平	园 yan^{13}
山	三	合	月	月	非	入	发 fa^{13}
山	三	合	月	月	奉	入	伐 fa^{13}
山	三	合	月	月	微	入	袜 va^{13}
山	三	合	月	月	疑	入	月 yɛ^{13}
山	三	合	月	月	云	入	越 yɛ^{13}
山	三	合	先	铣	溪	上	犬 tɕ'yan^{53}
山	三	合	先	先	匣	平	玄 ɕyan^{13}
山	三	合	先	先	影	平	渊 yan^{13}
山	四	合	屑	屑	见	入	决 tɕyɛ^{13}
山	四	合	屑	屑	晓	入	血 ɕiɛ^{13}
山	四	合	屑	屑	匣	入	穴 ɕiɛ^{13}
宕	一	开	唐	唐	并	平	旁 p'aŋ^{13}

续表

摄	等	呼	韵	小韵	声	调	例字
宕	一	开	唐	唐	端	平	当 当时 taŋ¹³
宕	一	开	唐	唐	泥	平	囊 naŋ¹³
宕	一	开	唐	唐	心	平	桑 saŋ¹³
宕	一	开	唐	唐	疑	平	昂 ŋaŋ¹³
宕	一	开	唐	宕	溪	去	抗 k'aŋ³⁵
宕	一	开	唐	唐	匣	平	行 银行 xaŋ¹³
宕	一	开	铎	铎	明	入	莫 mə¹³
宕	一	开	铎	铎	透	入	托 t'uə¹³
宕	一	开	铎	铎	泥	入	诺 nuə³⁵
宕	一	开	铎	铎	来	入	洛 luə¹³
宕	一	开	铎	铎	精	入	作 tsuə¹³
宕	一	开	铎	铎	见	入	各 kə¹³
宕	一	开	铎	铎	匣	入	鹤 xuə¹³
宕	一	开	铎	铎	影	入	恶 ŋ¹³
江	二	开	江	江	帮	平	邦 paŋ¹³
江	二	开	江	江	知	平	春 tʂ'uən¹³
江	二	开	江	绛	澄	去	撞 tʂuaŋ³⁵
江	二	开	江	江	初	平	窗 tʂ'uaŋ¹³
江	二	开	江	生	平		双 ʂuaŋ¹³
江	二	开	江	江	见	平	江 tɕiaŋ¹³
江	二	开	江	讲	见	上	讲 tɕiaŋ⁵³
江	二	开	江	绛	匣	去	巷 ɕiaŋ³⁵ / xaŋ³⁵
江	二	开	觉	觉	帮	入	剥 pə¹³
江	二	开	觉	觉	知	入	桌 tʂuə¹³
江	二	开	觉	觉	彻	入	戳 tʂ'uə¹³
江	二	开	觉	觉	庄	入	捉 tʂuə¹³
江	二	开	觉	觉	溪	入	确 tɕ'yɛ¹³
江	二	开	觉	觉	溪	入	壳 k'ə¹³
江	二	开	觉	觉	疑	入	岳 yɛ¹³
江	二	开	觉	觉	匣	入	学 ɕyɛ¹³
江	二	开	觉	觉	影	入	握 və¹³

续表

摄	等	呼	韵	小韵	声	调	例字
宕	三	开	阳	阳	泥	平	娘 ȵiaŋ¹³
宕	三	开	阳	漾	来	去	亮 liaŋ³⁵
宕	三	开	阳	阳	邪	平	详 ɕiaŋ¹³
宕	三	开	阳	阳	邪	平	祥 ɕiaŋ¹³
宕	三	开	阳	阳	知	平	张 tʂaŋ¹³
宕	三	开	阳	阳	庄	平	庄 tʂuaŋ¹³
宕	三	开	阳	阳	崇	平	床 tʂʻuaŋ¹³
宕	三	开	阳	漾	崇	去	状 tʂuaŋ³⁵
宕	三	开	阳	漾	昌	去	唱 tʂʻaŋ³⁵
宕	三	开	阳	阳	禅	平	常 tʂʻaŋ¹³
宕	三	开	阳	漾	日	去	让 ʐaŋ³⁵
宕	三	开	阳	养	疑	上	仰 iaŋ⁵³
宕	三	开	阳	阳	晓	平	香 ɕiaŋ¹³
宕	三	开	阳	阳	影	平	央 iaŋ¹³
宕	三	开	阳	阳	以	平	羊 iaŋ¹³
宕	三	开	药	药	来	入	略 lyɛ¹³
宕	三	开	药	药	心	入	削 ɕyɛ¹³
宕	三	开	药	药	知	入	着着衣 tʂuə¹³
宕	三	开	药	药	澄	入	着睡着 tʂuə¹³
宕	三	开	药	药	章	入	酌 tʂuə¹³
宕	三	开	药	药	日	入	若 ʐuə¹³
宕	三	开	药	药	疑	入	虐 ȵyɛ¹³
宕	三	开	药	药	影	入	约 yɛ¹³
宕	一	合	唐	唐	见	平	光 kuaŋ¹³
宕	一	合	唐	唐	匣	平	黄 xuaŋ¹³
宕	一	合	唐	唐	影	平	汪 vaŋ¹³
宕	一	合	铎	铎	见	入	郭 kuə¹³
宕	一	合	铎	铎	晓	入	霍 xuə¹³
宕	三	合	阳	阳	敷	平	芳 faŋ⁵³
宕	三	合	阳	漾	微	去	忘 vaŋ³⁵
宕	三	合	药	药	奉	入	缚 fu⁵³

续表

摄	等	呼	韵	小韵	声	调	例字	
宕	三	合	阳	阳	溪	平	匡	k'uaŋ¹³
宕	三	合	阳	阳	溪	平	筐	k'uaŋ¹³
宕	三	合	阳	阳	群	平	狂	k'uaŋ¹³
宕	一	合	唐	荡	晓	上	谎	xuaŋ⁵³
宕	三	合	阳	漾	晓	去	况	k'uaŋ³⁵
宕	三	合	阳	养	影	上	枉	vaŋ³⁵
宕	三	合	阳	养	云	上	往	vaŋ⁵³
深	三	开	侵	寝	帮	上	禀	piəŋ⁵³
深	三	开	侵	侵	来	平	林	liəŋ¹³
深	三	开	侵	侵	心	平	心	ɕiəŋ¹³
深	三	开	侵	侵	邪	平	寻	ɕiəŋ¹³
深	三	开	侵	侵	澄	平	沉	tʂ'əŋ¹³
深	三	开	侵	侵	崇	平	岑	tʂ'əŋ¹³
深	三	开	侵	侵	生	平	森	ʂəŋ¹³
深	三	开	侵	寝	书	上	审	ʂəŋ⁵³
深	三	开	侵	寝	禅	上	甚	ʂəŋ³⁵
深	三	开	侵	侵	日	平	壬	ʐəŋ¹³
深	三	开	侵	侵	见	平	金	tɕiəŋ¹³
深	三	开	侵	侵	影	平	音	iəŋ¹³
深	三	开	缉	缉	来	入	立	li¹³
深	三	开	缉	缉	从	入	集	tɕi¹³
深	三	开	缉	缉	邪	入	习	ɕi¹³
深	三	开	缉	缉	生	入	涩	ʂɚ¹³
深	三	开	缉	缉	禅	入	十	ʂɿ¹³
深	三	开	缉	缉	日	入	入	ʐu¹³
深	三	开	缉	缉	群	入	及	tɕi¹³
深	三	开	缉	缉	晓	入	吸	ɕi¹³
深	三	开	缉	缉	影	入	邑	i¹³
臻	一	开	痕	痕	透	平	吞	t'uəŋ¹³
臻	一	开	痕	痕	见	平	跟	kəŋ¹³
臻	一	开	痕	恨	匣	去	恨	xəŋ³⁵

续表

摄	等	呼	韵	小韵	声	调	例字	
臻	一	开	痕	痕	影	平	恩	ŋəŋ¹³
臻	一	开	真	真	并	平	贫	pʻiəŋ¹³
臻	一	开	真	轸	明	上	敏	miəŋ⁵³
臻	一	开	真	真	来	平	邻	liəŋ¹³
臻	一	开	真	真	心	平	新	ɕiəŋ¹³
臻	一	开	真	真	澄	平	陈	tʂʻəŋ¹³
臻	一	开	真	真	庄	平	臻	tʂəŋ¹³
臻	一	开	真	震	初	去	衬	tʂʻəŋ³⁵
臻	一	开	真	真	书	平	身	ʂəŋ¹³
臻	一	开	真	真	船	平	神	ʂəŋ³⁵
臻	一	开	真	真	禅	平	晨	tʂʻəŋ¹³
臻	一	开	真	真	禅	平	辰	tʂʻəŋ¹³
臻	一	开	真	轸	日	上	忍	zəŋ⁵³
臻	一	开	真	真	见	平	巾	tɕiəŋ¹³
臻	一	开	真	真	疑	平	银	iəŋ¹³
臻	一	开	真	震	晓	去	衅	ɕiəŋ³⁵
臻	一	开	真	真	影	平	因	iəŋ¹³
臻	一	开	质	质	帮	入	必	pi¹³
臻	一	开	质	质	滂	入	匹	pʻi¹³
臻	一	开	质	质	来	入	栗	li¹³
臻	一	开	质	质	清	入	七	tɕʻi¹³
臻	一	开	质	质	澄	入	侄	tʂʅ¹³
臻	一	开	质	质	生	入	瑟	ʂə¹³
臻	一	开	质	质	章	入	质	tʂʅ¹³
臻	一	开	质	质	日	入	日	zʅ¹³
臻	一	开	质	质	见	入	吉	tɕi¹³
臻	一	开	质	质	以	入	逸	i¹³
臻	三	开	殷	殷	见	平	斤	tɕiəŋ¹³
臻	三	开	殷	隐	群	上	近	tɕiəŋ³⁵
臻	三	开	殷	殷	晓	平	欣	ɕiəŋ¹³
臻	三	开	殷	隐	影	上	隐	iəŋ⁵³

续表

摄	等	呼	韵	小韵	声	调	例字
臻	三	开	迄	迄	群	入	乞 tɕ'i¹³
臻	一	合	魂	混	帮	上	本 pəŋ⁵³
臻	一	合	魂	恩	端	去	顿 tuəŋ³⁵
臻	一	合	魂	恩	泥	去	嫩 nuəŋ³⁵
臻	一	合	魂	恩	来	去	论 luəŋ³⁵
臻	一	合	魂	魂	从	平	存 ts'uəŋ¹³
臻	一	合	魂	魂	心	平	孙 suəŋ¹³
臻	一	合	魂	混	见	上	滚 kuəŋ⁵³
臻	一	合	魂	魂	溪	平	坤 k'uəŋ¹³
臻	一	合	魂	魂	晓	平	昏 xuəŋ¹³
臻	一	合	魂	魂	影	平	温 vəŋ¹³
臻	一	合	没	没	并	入	勃 pə¹³
臻	一	合	没	没	明	入	没₍沉没₎ mei¹³
臻	一	合	没	没	定	入	突 t'u¹³
臻	一	合	没	没	精	入	卒₍兵卒₎ tsu¹³
臻	一	合	没	没	见	入	骨 ku¹³
臻	一	合	没	没	晓	入	忽 xu¹³
臻	三	合	谆	谆	来	平	伦 luəŋ¹³
臻	三	合	谆	谆	精	平	遵 tsuəŋ¹³
臻	三	合	谆	准	心	平	笋 suəŋ⁵³
臻	三	合	谆	谆	邪	平	旬 ɕyəŋ¹³
臻	三	合	谆	谆	彻	平	椿 tʂ'uəŋ¹³
臻	三	合	谆	谆	昌	平	春 tʂ'uəŋ¹³
臻	三	合	谆	谆	船	平	唇 tʂ'uəŋ¹³
臻	三	合	谆	稕	船	去	顺 ʂuəŋ³⁵
臻	三	合	谆	谆	禅	平	纯 tʂ'uəŋ¹³
臻	三	合	谆	稕	日	去	闰 zuəŋ³⁵
臻	三	合	谆	谆	见	平	均 tɕyəŋ¹³
臻	三	合	谆	准	以	上	允 yəŋ¹³
臻	三	合	术	术	来	入	律 ly¹³
臻	三	合	术	术	心	入	戌 ɕy¹³

续表

摄	等	呼	韵	小韵	声	调	例字
臻	三	合	术	术	心	入	恤 çy¹³
臻	三	合	术	术	昌	入	出 tṣ'u¹³
臻	三	合	术	术	船	入	术 ṣu³⁵
臻	三	合	术	术	见	入	橘 tçy¹³
臻	三	合	文	文	非	平	分 分开 fəŋ¹³
臻	三	合	文	文	微	平	文 vəŋ¹³
臻	三	合	文	文	见	平	君 tçyəŋ¹³
臻	三	合	文	文	晓	平	勋 çyəŋ¹³
臻	三	合	文	文	云	平	云 yəŋ¹³
臻	三	合	物	物	滂	入	拂 fu⁵³
臻	三	合	物	物	奉	入	佛 fə¹³
臻	三	合	物	物	微	入	物 və¹³
臻	三	合	物	物	群	入	屈 tç'y¹³
臻	三	合	物	物	群	入	掘 tçyɛ¹³
臻	三	合	物	物	影	入	郁 y³⁵
曾	一	开	登	登	帮	平	崩 pəŋ¹³
曾	一	开	登	登	并	平	朋 p'əŋ¹³
曾	一	开	登	等	端	上	等 təŋ⁵³
曾	一	开	登	嶝	定	去	邓 təŋ³⁵
曾	一	开	登	登	泥	平	能 nəŋ¹³
曾	一	开	登	登	精	平	增 tsəŋ¹³
曾	一	开	登	等	溪	上	肯 k'əŋ⁵³
曾	一	开	登	登	匣	平	恒 xəŋ¹³
曾	一	开	德	德	帮	入	北 pə¹³
曾	一	开	德	德	端	入	得 tə¹³
曾	一	开	德	德	来	入	勒 tə¹³
曾	一	开	德	德	精	入	则 tsə¹³
曾	一	开	德	德	从	入	贼 tsei¹³
曾	一	开	德	德	溪	入	刻 k'ə¹³
曾	一	开	德	德	匣	入	黑 xə¹³
曾	三	开	蒸	蒸	帮	平	冰 piəŋ¹³

续表

摄	等	呼	韵	小韵	声	调	例字
曾	三	开	蒸	蒸	来	平	陵 liəŋ¹³
曾	三	开	蒸	蒸	知	平	征 tʂəŋ¹³
曾	三	开	蒸	蒸	船	平	乘 tʂʻəŋ¹³
曾	三	开	蒸	蒸	船	平	绳 ʂəŋ¹³
曾	三	开	蒸	证	船	去	剩 ʂəŋ³⁵
曾	三	开	蒸	蒸	禅	平	承 tʂʻəŋ¹³
曾	三	开	蒸	蒸	日	平	仍 ʐəŋ¹³
曾	三	开	蒸	蒸	疑	平	凝 ȵiəŋ¹³
曾	三	开	蒸	蒸	晓	平	兴兴旺 ɕiəŋ¹³
曾	三	开	蒸	证	晓	去	兴高兴 ɕiəŋ³⁵
曾	三	开	蒸	蒸	影	平	应应当 iəŋ³⁵
曾	三	开	蒸	证	影	去	应应对 iəŋ³⁵
曾	三	开	职	职	帮	入	逼 pi¹³
曾	三	开	职	职	泥	入	匿 ȵi¹³
曾	三	开	职	职	来	入	力 li¹³
曾	三	开	职	职	心	入	息 ɕi¹³
曾	三	开	职	职	澄	入	直 tʂʅ¹³
曾	三	开	职	职	初	入	测 tʂʻə¹³
曾	三	开	职	职	生	入	色 ʂə¹³
曾	三	开	职	职	船	入	食 ʂʅ¹³
曾	三	开	职	职	群	入	极 tɕi¹³
曾	三	开	职	职	影	入	忆 i³⁵
曾	一	合	德	德	见	入	国 kuə¹³
曾	一	合	登	登	晓	平	薨 xuəŋ¹³
曾	一	合	登	登	匣	平	弘 xuəŋ¹³
曾	一	合	德	德	匣	入	或 xuə¹³
曾	三	合	职	职	云	入	域 y³⁵
梗	二	开	庚	庚	并	平	彭 pʻəŋ¹³
梗	二	开	庚	映	明	去	孟 məŋ³⁵
梗	二	开	庚	梗	来	上	冷 ləŋ⁵³
梗	二	开	庚	庚	彻	平	撑 tʂʻəŋ¹³

续表

摄	等	呼	韵	小韵	声	调	例字
梗	二	开	庚	庚	生	平	生 ʂəŋ¹³¹³
梗	二	开	庚	庚	见	平	更更换 k'əŋ³⁵
梗	二	开	庚	映	见	去	更更加 kəŋ³⁵
梗	二	开	庚	庚	溪	平	坑 kəŋ¹³
梗	二	开	庚	映	疑	去	硬 iəŋ³⁵
梗	二	开	庚	梗	匣	上	杏 xəŋ³⁵
梗	二	开	庚	庚	晓	平	亨 xəŋ¹³
梗	二	开	陌	陌	并	入	白 pə¹³
梗	二	开	陌	陌	彻	入	拆 tʂ'ə¹³
梗	二	开	陌	陌	庄	入	窄 tʂə¹³
梗	二	开	陌	陌	溪	入	客 k'ə¹³
梗	二	开	陌	陌	晓	入	赫 xə⁵³
梗	二	开	耕	耕	并	平	棚 p'əŋ¹³
梗	二	开	耕	耕	明	平	萌 məŋ¹³
梗	二	开	耕	耕	澄	平	橙 tʂ'əŋ¹³
梗	二	开	耕	耕	庄	平	争 tʂ'əŋ¹³
梗	二	开	耕	耕	见	平	耕 kəŋ¹³
梗	二	开	耕	耿	匣	上	幸 ɕiəŋ³⁵
梗	二	开	耕	耕	影	平	莺 iəŋ¹³
梗	二	开	耕	耕	影	平	樱 iəŋ¹³
梗	二	开	麦	麦	明	入	麦 mə¹³
梗	二	开	麦	麦	知	入	摘 tʂə¹³
梗	二	开	麦	麦	庄	入	责 tʂə¹³
梗	二	开	麦	麦	初	入	策 tʂ'ə¹³
梗	二	开	麦	麦	见	入	革 kə¹³
梗	二	开	麦	麦	匣	入	核 xə¹³
梗	二	开	麦	麦	影	入	厄 ŋə¹³
梗	三	开	清	清	明	平	名 miəŋ¹³
梗	三	开	清	劲	来	去	令 liəŋ³⁵
梗	三	开	清	清	清	平	清 tɕ'iəŋ¹³
梗	三	开	清	劲	澄	去	郑 tʂəŋ³⁵

续表

摄	等	呼	韵	小韵	声	调	例字
梗	三	开	清	劲	澄	去	政 tʂəŋ³⁵
梗	三	开	清	清	禅	平	成 tʂʻəŋ¹³
梗	三	开	清	清	溪	平	轻 tɕʻiəŋ¹³
梗	三	开	清	清	以	平	盈 iəŋ¹³
梗	三	开	陌	陌	帮	入	碧 pi¹³
梗	三	开	昔	昔	邪	入	席 ɕi¹³
梗	三	开	昔	昔	澄	入	掷 tʂʅ¹³
梗	三	开	昔	昔	昌	入	尺 tʂʻʅ¹³
梗	三	开	昔	昔	禅	入	石 ʂʅ¹³
梗	三	开	昔	昔	以	入	亦 i¹³
梗	三	开	庚	庚	帮	平	兵 piəŋ¹³
梗	三	开	庚	庚	并	平	平 pʻiəŋ¹³
梗	三	开	庚	庚	见	平	京 tɕiəŋ¹³
梗	三	开	庚	映	溪	去	庆 tɕʻiəŋ³⁵
梗	三	开	陌	陌	疑	入	逆 ȵi¹³
梗	三	开	庚	庚	影	平	英 iəŋ¹³
梗	四	开	青	青	并	平	瓶 pʻiəŋ¹³
梗	四	开	青	迥	端	上	顶 tiəŋ⁵³
梗	四	开	青	青	泥	平	宁₍安宁₎ ȵiəŋ¹³
梗	四	开	青	径	泥	去	宁₍宁可₎ ȵiəŋ¹³
梗	四	开	青	青	心	平	星 ɕiəŋ¹³
梗	四	开	青	青	见	平	经 tɕiəŋ¹³
梗	四	开	青	青	匣	平	形 ɕiəŋ¹³
梗	四	开	锡	锡	帮	入	壁 pi¹³
梗	四	开	锡	锡	定	入	笛 ti¹³
梗	四	开	锡	锡	泥	入	溺 ȵi¹³
梗	四	开	锡	锡	来	入	历 li¹³
梗	四	开	锡	锡	清	入	戚 tɕʻi¹³
梗	四	开	锡	锡	见	入	激 tɕi¹³
梗	二	合	庚	庚	匣	平	横₍横竖₎ xuəŋ³⁵
梗	二	合	庚	映	匣	去	横₍蛮横₎ xuəŋ³⁵

续表

摄	等	呼	韵	小韵	声	调	例字
梗	二	合	耕	耕	晓	平	轰 xuəŋ¹³
梗	二	合	耕	耕	匣	平	宏 xuəŋ¹³
梗	二	合	麦	麦	匣	入	获 xuə¹³
梗	三	合	清	清	溪	平	倾 tɕʻiəŋ⁵³
梗	三	合	清	静	溪	上	顷 tɕʻiəŋ⁵³
梗	三	合	清	清	群	平	琼 tɕʻyəŋ¹³
梗	三	合	清	清	以	平	营 iəŋ¹³
梗	三	合	昔	昔	以	入	疫 i¹³
梗	三	合	昔	昔	以	入	役 i¹³
梗	三	合	庚	庚	晓	平	兄 çyəŋ¹³
梗	三	合	庚	庚	云	平	荣 yəŋ¹³
梗	三	合	庚	梗	云	上	永 yəŋ⁵³
梗	四	合	青	迥	匣	上	迥 tɕyəŋ³⁵
梗	四	合	青	青	匣	平	萤 iəŋ¹³
通	一	合	东	东	并	平	蓬 pʻəŋ¹³
通	一	合	东	送	定	去	洞 tuəŋ³⁵
通	一	合	东	东	来	平	笼 luəŋ⁵³
通	一	合	东	送	心	去	送 suəŋ³⁵
通	一	合	东	东	见	平	公 kuəŋ¹³
通	一	合	东	东	溪	平	空_空虚_ kʻuəŋ¹³
通	一	合	东	送	溪	去	空_空缺_ kʻuəŋ¹³
通	一	合	东	东	匣	平	红 xuəŋ¹³
通	一	合	东	东	影	平	翁 vəŋ¹³
通	一	合	屋	屋	滂	入	扑 pʻu¹³
通	一	合	屋	屋	明	入	木 mu¹³
通	一	合	屋	屋	透	入	秃 tʻu¹³
通	一	合	屋	屋	来	入	鹿 lu¹³
通	一	合	屋	屋	从	入	族 tsu¹³
通	一	合	屋	屋	心	入	速 su¹³
通	一	合	屋	屋	溪	入	哭 kʻu¹³
通	一	合	屋	屋	匣	入	斛 xu¹³

续表

摄	等	呼	韵	小韵	声	调	例字
通	一	合	屋	屋	影	入	屋 vu^{13}
通	一	合	冬	冬	端	平	冬 tuəŋ^{13}
通	一	合	冬	冬	泥	平	农 nuəŋ^{13}
通	一	合	冬	冬	心	平	松 suəŋ^{13}
通	一	合	冬	宋	心	去	宋 suəŋ^{35}
通	一	合	沃	沃	影	入	沃 və^{13}
通	三	合	东	东	非	平	风 fəŋ^{13}
通	三	合	东	送	明	去	梦 məŋ^{35}
通	三	合	东	东	来	平	隆 luəŋ^{13}
通	三	合	东	东	心	平	嵩 suəŋ^{13}
通	三	合	东	东	知	平	中(中间) tʂuəŋ^{13}
通	三	合	东	送	知	去	中(射中) tʂuəŋ^{35}
通	三	合	东	东	崇	平	崇 tʂ'uəŋ^{13}
通	三	合	东	东	昌	平	充 tʂ'uəŋ^{13}
通	三	合	东	东	日	平	绒 ʐuəŋ^{13}
通	三	合	东	东	见	平	弓 kuəŋ^{13}
通	三	合	东	东	见	平	宫 kuəŋ^{13}
通	三	合	东	东	群	平	穷 tɕ'yəŋ^{13}
通	三	合	钟	用	群	去	共 kuəŋ^{35}
通	三	合	东	东	以	平	融 ʐuəŋ^{13}
通	三	合	屋	屋	奉	入	服 fu^{13}
通	三	合	屋	屋	明	入	目 mu^{13}
通	三	合	屋	屋	来	入	陆 lu^{13}
通	三	合	屋	屋	心	入	肃 su^{13}
通	三	合	屋	屋	知	入	竹 tʂu^{13}
通	三	合	屋	屋	生	入	缩 suə^{13}
通	三	合	屋	屋	禅	入	熟 ʂu^{13}
通	三	合	屋	屋	日	入	肉 ʐəu^{35}
通	三	合	屋	屋	见	入	鞠 tɕy^{13}
通	三	合	屋	屋	见	入	菊 tɕy^{13}

续表

摄	等	呼	韵	小韵	声	调	例字
通	三	合	屋	屋	晓	入	畜 $ɕy^{53}$
通	三	合	屋	屋	影	入	郁 y^{35}
通	三	合	屋	屋	以	入	育 y^{13}
通	三	合	钟	钟	非	平	封 $fəŋ^{13}$
通	三	合	钟	肿	奉	上	奉 $fəŋ^{35}$
通	三	合	钟	钟	来	平	龙 $luəŋ^{13}$
通	三	合	钟	用	邪	去	诵 $suəŋ^{35}$
通	三	合	钟	肿	彻	上	宠 $tʂ'uəŋ^{13}$
通	三	合	钟	钟	章	平	钟 $tʂuəŋ^{13}$
通	三	合	钟	钟	日	平	茸 $ʐuəŋ^{13}$
通	三	合	钟	钟	见	平	恭 $kuəŋ^{13}$
通	三	合	钟	钟	见	平	供供给 $kuəŋ^{13}$
通	三	合	钟	用	见	去	供供养 $kuəŋ^{35}$
通	三	合	钟	肿	溪	上	恐 $k'uəŋ^{53}$
通	三	合	钟	钟	晓	平	胸 $ɕyəŋ^{13}$
通	三	合	钟	钟	影	平	雍 $yəŋ^{13}$
通	三	合	钟	肿	以	上	勇 $yəŋ^{53}$
通	三	合	钟	用	以	去	用 $yəŋ^{35}$
通	三	合	烛	烛	来	入	绿 lu^{13}
通	三	合	烛	烛	精	入	足 tsu^{13}
通	三	合	烛	烛	邪	入	俗 su^{13}
通	三	合	烛	烛	章	入	烛 $tʂu^{13}$
通	三	合	烛	烛	船	入	赎 $ʂu^{13}$
通	三	合	烛	烛	日	入	辱 $ʐu^{53}$
通	三	合	烛	烛	溪	入	曲 $tɕy^{13}$
通	三	合	烛	烛	群	入	局 $tɕy^{13}$
通	三	合	烛	烛	疑	入	狱 y^{13}
通	三	合	烛	烛	晓	入	旭 $ɕy^{53}$
通	三	合	烛	烛	以	入	欲 y^{13}

特字表：

		1.		曝	pɔ³⁵	≠不≠扑=暴
波	pə¹³	=菠≠颇平		仆	p'u¹³	≠不=扑
谱	p'u⁵³	≠补=普		腐	fu⁵³	=附=府
鄙	p'i⁵³	≠比=譬上		特	t'ə¹³	≠德=忒=铁≠跌
迫	p'ə¹³	≠伯=拍		悴	ts'uei³⁵	≠罪=脆
卜	pu³⁵	=不≠扑		族	tsu¹³	=足≠促
偏	p'ian¹³	≠变=片		秩	tʂʅ¹³	=直=赤
拘	tɕy¹³	=居=局≠区		澈	tʂ'ə³⁵	≠辙=彻
概	kɛ⁵³	=盖≠忾		撞	tʂuaŋ³⁵	=状≠创≠创上
觉	tɕyɛ¹³	=脚≠确		宅	tʂə¹³	=摘≠测
雀	tɕ'yɛ¹³	≠爵=次约		择	tʂə¹³	=摘≠测
侧	tʂ'ə¹³	≠责≠则=测		泽	tʂə¹³	=摘≠测
玻	pə¹³	≠颇平=菠		殊	ʂu¹³	≠除=时如≠书≠耻乌
坡	p'ə¹³	=颇平≠菠		技	tɕi³⁵	=忌=气
品	p'iəŋ⁵³	=颇饮≠禀		乎	xu	≠胡=呼
娶	tɕ'y⁵³	≠趣=取=聚		兮	ɕi	≠匣夷=希
侵	tɕiəŋ¹³	≠亲=津		奚	ɕi¹³	=匣夷≠希
缉	tɕi¹³	≠七=集=即		堤	t'i¹³	≠低=提
侦	tʂəŋ¹³	≠蛏=贞		突	t'u¹³	≠读≠图=忒卒
触	tʂu¹³	≠畜生=烛		踏	t'a¹³	=塔=达
		2.		造	tsɔ³⁵	=皂=糙
佩	p'ei⁵³	≠倍=配		松	sueŋ¹³	=鬆≠从≠序容
叛	p'an³⁵	≠伴=判				3.
跑	p'ɔ⁵³	≠袍=泡上		栖	tɕ'i¹³	≠西=妻
勃	pə¹³	≠不=薄≠扑		赐	ts'ʅ¹³	≠四=次
泊	p'ə¹³	≠薄=扑恶≠≠伯=拍		粹	ts'uei³⁵	≠岁=脆
辟	p'i⁵³	≠必=僻		先	ɕian¹³	=仙≠千
瀑	p'u⁵³	≠不=扑≠暴		僧	səŋ¹³	=思亨≠曾
产	tʂ'an⁵³	≠闪=铲		熊	ɕyəŋ¹³	≠容=系容
鼠	ʂu⁵³	=黍≠处上				5.
翅	tʂ'ʅ¹³	≠试≠至=耻去		秘	mi¹³	≠比去≠米去=密

续表

始	ʂʅ⁵³	=矢≠齿	分泌	mi¹³	≠比去≠米去=密
深	ʂən¹³	=申≠尺恩	防	faŋ¹³	=房≠旁
迄	tɕ'i¹³	≠希一=乞	戊	vu³⁵	≠茂≠暮=务
况	k'uaŋ³⁵	≠晃≠旷	隶	li³⁵	=丽≠第
像	ɕiaŋ³⁵	=象≠齐样≠疾样	伺	sʅ¹³	=四≠次=似
械	tɕiɛ³⁵	≠懈=戒	瑞	ʐuei³⁵	=睡≠如位
校	ɕiɔ³⁵	=效≠教	吃	tʂ'ʅ¹³	≠乞=赤≠恰
偕	ɕiɛ¹³	≠皆=谐	阮	ʐuan⁵³	≠远=软
溪	ɕi¹³	≠欺匣夷=希	锐	ʐuei⁵³	≠位=如位≠兑
泣	tɕ'i¹³	=乞希≠邑≠戏	维	vei¹³	=围=微
4.			惟	vei¹³	=围=微
锅	kuə¹³	=过平≠窝	慧	xuei³⁵	≠位≠岁=惠
会计	k'uɛ³⁵	≠桂=快≠会	汇	xuei³⁵	≠谓=惠≠类
钦	tɕ'iəŋ¹³	=欺音≠欣≠音	6.		
屈	tɕ'y¹³	=去郁≠郁	茄	tɕ'iɛ¹³	=其爷≠瘸
歪	vɛ¹³	≠呼挨=乌挨	嗟	tɕiɛ¹³	=即耶≠即靴
肴	iɔ¹³	≠系摇=摇	些	ɕiɛ¹³	=息耶≠西≠须靴
淆	ɕiɔ¹³	=系摇≠摇	写	ɕiɛ⁵³	=息也≠洗≠须也
完	van¹³	≠桓=玩平	邪	ɕiɛ¹³	=席爷≠席瘸
丸	van¹³	≠桓=玩平≠圆	染	ʐan⁵³	=然上≠软
缓	xuan⁵³	≠换=虎碗	寻	ɕiəŋ¹³	=席林≠旬
皖	van³⁵	≠换=碗≠款	仙	ɕian¹³	=先≠宣
鹤	xuə¹³	=合≠鄂	癣	ɕian⁵³	=先上≠选
铅	tɕ'ian¹³	≠圆≠延=牵≠嵌平	茧	tɕian⁵³	=检≠卷
雄	ɕyəŋ¹³	≠容=系容	删	ʂan¹³	=山≠闩
轩	ɕyan¹³	≠显平=暄	贞	tʂəŋ¹³	=征=真
掀	ɕian¹³	=显平≠暄	楫	tɕi¹³	≠接=集
弦	ɕian¹³	=贤≠悬	做	tsu³⁵	=租去≠奏≠左去
津	tɕiəŋ¹³	=即因≠逡	鱼	y¹³	=愚≠红尾
秦	tɕ'iəŋ¹³	=齐银≠齐云	遂	suei³⁵	=穗≠序≠聚≠随
晋	tɕiəŋ³⁵	=即印≠俊	同盟	məŋ¹³	≠名=萌=蒙
进	tɕiəŋ³⁵	=即印≠俊	好听	t'iəŋ¹³	=汀平≠汀去≠梯央

续表

信	ɕiəŋ³⁵	=性印≠迅	姓丁	tiəŋ¹³	=低英≠低央
银	iəŋ¹³	=疑寅≠疑云		等一下子	
绳	ʂəŋ¹³	=时仍≠树仍	xa	≠系迂=哈去	
孕	yəŋ³⁵	≠印≠应=运	鞋	ɕiɛ¹³/xɛ¹³	=系挨=孩
季	tɕi³⁵	≠贵=寄	乱搅一阵	tɕiɔ⁵³	=绞
遗	i¹³	≠为=夷	搞好工作	kɔ⁵³	=稿
沿	ian¹³	≠圆=延	指甲	tɕia¹³	=夹≠格乏
尹	iəŋ⁵³	≠允=引	咸	ɕian¹³	=嫌≠含
县	ɕian³⁵	≠眩=现	房间	tɕian¹³	=坚≠干
倾	tɕ'iəŋ⁵³	≠去兄≠轻=顷	不得闲	ɕian¹³	=贤≠寒
7.			耳朵眼	ian⁵³	=演≠岸上
大	tɛ³⁵/ta³⁵	=代=达去	项	ɕian²⁴/xan²⁴	=向=合浪
屡	ly⁵³	≠虑=吕≠累上	角	tɕyɛ¹³/kə¹³	=脚=各
壻	ɕy¹³	≠细=絮	杏子	ɕiəŋ³⁵/xəŋ³⁵	=幸=恨硬
履	ly¹³	≠里=吕	8.		
玺	ɕi¹³	≠死=洗	炒鱼肚	tu²⁴	=赌≠杜
舀水	iɔ⁵³	=要上≠瓦	大肚子	tu⁵³	=杜≠赌
剖	p'ə²⁴	≠颇偶≠颇上	放假	ia⁵³	=贾≠架
谋	mu¹³	≠莫侯=模≠莫尤	块	k'uɛ³⁵	≠快=快上
肯	k'əŋ⁵³	=坑上=恳	鼻	pi¹³	≠避=弼≠必
打	ta⁵³	≠得冷=得马	猫	mɔ¹³	=茅≠苗=茅阴

钓	tiɔ³⁵	=吊≠雕
跳	t'iɔ¹³	=条≠梯要
研	ian¹³	=言≠年=烟≠攫=拈
蚊	vəŋ¹³	≠温=文
增	tsəŋ¹³	=曾≠曾去
统	t'uəŋ⁵³	≠痛=桶
秃	t'u¹³	=他读=图≠踢

续表

拉	la¹³	=腊=腊（阴平）
值	tʂʅ¹³	=直≠治
植	tʂʅ¹³	=直≠治
殖	ʂʅ¹³	=食≠直≠治
式	ʂʅ³⁵	≠识=试
饰	ʂʅ³⁵	≠识
蚀	ʂʅ¹³	=食≠是≠试
只	tʂʅ¹³	≠炙=支
嚼	tɕiɔ¹³	≠爵=焦阳
肉	ʐəu³⁵	≠辱=柔去
玉	y³⁵	≠狱=遇

莫超（前排左一）、陈贵辉（前排右一）与古城村发音合作人合影（罗宏宏摄）

第五节　太极镇1200个常用词汇表

一　常用词汇

依据《中国语言资源调查手册·汉语方言》的词汇对照表，记录了太极镇古城村1200个常用词，将其字形和读音胪列于下：

调查条目	词形	词音	调查条目	词形	词音
太阳	热头	z̺ə^{13} t'ɣu^{35}	河岸	河沿边	xuə^{22}ian^{44}pian^{13}
月亮	月亮	yɛ^{13}liaŋ^{35}	坝	坝	pa^{13}
星星	星宿	ɕiəŋ^{13}ɕiɣu^{53}	地震	地震	ti^{22}tʂəŋ^{44}
云	云彩	yŋ^{13}ts'ɛ^{35}	窟窿	尕窟窿	ka^{13}k'u^{22}luəŋ^{44}
风	风	fəŋ^{13}	缝儿	缝缝	fəŋ^{24}fəŋ^{21}
台风	台风	t'ɛ^{35}fəŋ^{21}	石头	石头	ʂʅ^{22}t'ɣu^{13}
闪电	闪电	ʂan^{53}tian^{35}35	石头	石头	ʂʅ^{22}t'ɣu^{13}
雷	雷	luei^{13}	泥	泥	ɲi^{13}
雨	雨	y^{53}	水泥	洋灰	iaŋ^{13}xuei^{13}
下雨	下雨	ɕia^{13}y^{53}	沙子	沙子	ʂa^{22}tsʅ^{53}
淋	泡	p'ɔ^{35}	砖	砖头	tʂuan^{22}t'ɣu^{53}
晒	晒	ʂɛ^{35}	瓦	瓦	va^{53}
雪	雪	ɕyɛ^{13}	煤	炭	t'an^{44}
冰	冰	piəŋ^{13}	煤油	煤油	mei^{13}iɣu^{13}
冰雹	蛋蛋	tan^{24}tan^{21}	炭	木炭	mu^{21}t'an^{13}
霜	霜	ʂuɑŋ^{13}	灰	灰	xuei^{13}
雾	雾	vu^{35}	灰尘	土	t'u^{53}
露	露水	lu^{35}ʂuei^{53}	火	火	xuə^{53}
虹	虹	kaŋ^{35}	烟	烟	ian^{13}
日食	天狗吃热头	t'ian^{13}kɣu^{53}tʂ'ʅ^{35} z̺ə^{13}t'ɣu^{35}	失火	着火	tʂuə^{22}xuə^{53}
			水	水	ʂuei^{53}
月食	天狗吃月亮	t'ian^{13}kɣu^{53}tʂ'ʅ^{35} yɛ^{13}liaŋ^{35}	凉水	凉水	liaŋ^{22}ʂuei^{53}
			热水	热水	z̺ə^{22}ʂuei^{53}
天气	天气	t'ian^{22}tɕ'i^{53}	开水	开水	k'ɛ^{22}ʂuei^{53}
晴	晴	tɕ'iəŋ^{13}	磁铁	吸铁	ɕi^{22}t'iɛ^{53}

续表

调查条目	词形	词音	调查条目	词形	词音
阴	阴	iəŋ^{13}	时候	时候	ʂʅ^{22}xɣu^{44}
旱	旱	xan^{44}	什么时候	多会	tuə^{22}xuei^{44}
涝	(无)		现在	现在	ɕian^{44}tsɛ^{44}
天亮	天亮	tʻian^{22}liaŋ^{44}	以前	以前	i^{44}tɕʻian^{13}
水田	水地	ʂuei^{44}ti^{21}	以后	以后	i^{44}xɣu^{13}
旱地	旱地	xan^{44}ti^{21}	一辈子	一辈子	i^{13}pei^{44}tsʅ^{42}
田埂	盖楞	kɛ^{35}ləŋ^{21}	今年	今年	tɕiəŋ^{22}ȵian^{44}
路	路	lu^{44}	明年	明年	miəŋ^{22}ȵian^{53}
山	山	ʂan^{13}	后年	后年	xɣu^{22}ȵian^{53}
山谷	山沟	ʂan^{13}kɣu^{13}	去年	年时	ȵian^{21}ʂʅ^{13}
江	河	xuə^{13}	前年	前年	tɕʻian^{22}ȵian^{44}
溪	河	xuə^{13}	往年	往年	vaŋ^{22}ȵian^{53}
水沟儿	水沟沟	ʂuei^{44}kɣu^{21}kɣu^{21}	年初	年头	ȵian^{13}tʻɣu^{13}
湖	湖	xu^{13}	年底	年底	ȵian^{22}ti^{53}
池塘	涝池	lɔ^{44}tʂʻʅ^{21}	今天	今个	tɕiəŋ^{22}kə^{53}
水坑儿	水坑坑	ʂuei^{44}kʻəŋ^{21}kʻəŋ^{42}	明天	明早	miəŋ^{22}tsɔ^{53}
洪水	山水	ʂan^{22}ʂuei^{53}	后天	后个	xɣu^{44}kə^{21}
淹	淹	ian^{13}	大后天	大后个	ta^{13}xɣu^{44}kə^{21}
昨天	昨个	tsuə^{21}kə^{13}	背后	后头	xɣu^{35}tʻɣu^{21}
前天	前个	tɕʻian^{21}kə^{13}	里面	里头	li^{53}tʻɣu^{21}
大前天	大前个	ta^{13}tɕʻian^{21}kə^{13}	外面	外头	vɛ^{35}tʻɣu^{21}
整天	一天	i^{44}tʻian^{13}	旁边	半个	pan^{35}kə^{21}
每天	天天	tʻian^{22}tʻian^{42}	上	上面	ʂaŋ^{35}mian^{21}
早晨	干早晨	kan^{22}tsɔ^{44}tʂʻəŋ^{21}	下	底下	ti^{53}ɕia^{21}
上午	早上	tsɔ^{44}ʂaŋ^{21}	边儿	边	pian^{13}
中午	晌午	ʂaŋ^{44}vu^{53}	角儿	角子	tɕyɛ^{13}tsʅ^{53}
下午	后晌	xɣu^{44}ʂaŋ^{53}	上去	上去	ʂaŋ^{35}tɕʻy^{21}
傍晚	擦黑儿	tsʻa^{22}xə^{44}ɯ^{22}	下来	下来	ɕia^{35}lɛ^{21}
白天	白天	pɛ^{22}tʻian^{44}	进去	进去	tɕiən^{35}tɕʻy^{21}
夜晚	晚夕	van^{44}ɕi^{21}	出来	出来	tʂʻu^{13}lɛ^{24}
半夜	半夜会	pan^{44}iɛ^{21}xuei^{21}	出去	出去	tʂʻu^{13}tɕʻy^{53}

续表

调查条目	词形	词音	调查条目	词形	词音
正月	正月	tʂəŋ²² yɛ⁴⁴	回来	来	lɛ¹³
大年初一	大年初一	ta⁴⁴ ȵian⁵³ tʂʻu⁴⁴ i⁵³	起来	开	kʻɛ¹³
元宵节	正月十五	tʂəŋ²² yɛ⁴⁴ ʂʅ⁴⁴ vu⁵³	树	树	ʂu³⁵
清明	清明	ɕiəŋ²² miəŋ⁵³	木头	木头	mu¹³ tʻɣu³⁵
端午	单阳	tan²² iɑŋ⁵³	松树	松树	suŋ¹³ ʂu⁵³
七月十五	（无）		柏树	柏树	pɛ¹³ ʂu⁵³
中秋	八月十五	pa²² yɛ⁵³ ʂʅ²² vu⁵³	杉树	（无）	
冬至	冬至节	tuŋ²² tʂʅ⁴⁴ tɕiɛ¹³	柳树	柳树	liɣu⁵³ ʂu³⁵
腊月	腊月	la²² yɛ⁵³	竹子	竹子	tʂu¹³ tsʅ⁵³
除夕	三十晚上	san²² ʂʅ⁴⁴ van⁴⁴ ʂɑŋ²¹	笋	竹笋	tʂu¹³ suŋ⁵³
历书	宪书	ɕian⁴⁴ ʂu²¹	叶子	叶叶	iɛ¹³ iɛ⁵³
阴历	阴历	iəŋ²² li⁴⁴	花	花	xua¹³
阳历	阳历	iɑŋ²² li⁴⁴	花蕾	花苞苞	xua¹³ pɔ¹³ pɔ⁵³
星期天	星期天	ɕiəŋ²² tɕʻi⁵³ tʻian²²	梅花	梅花	mei¹³ xua³¹
地方	地点	ti²² tian⁵³	牡丹	牡丹	mu⁵³ tan¹³
什么地方	阿个地方	a²² kə⁵³ ti²² fɑŋ⁵³	荷花	荷花	xə³⁵ xua¹³
家里	屋里	vu²² li⁴⁴	草	草	tsʻɔ⁵³
城里	城里	tʂʻəŋ²² li⁴⁴	藤	秧	iɑŋ¹³
乡下	庄子	tʂuɑŋ²² tsʅ⁵³	刺	刺	tsʻʅ³⁵
上面	上面	ʂɑŋ⁴⁴ mian²¹	水果	果子	kuə⁵³ tsʅ²¹
下面	下面	ɕia⁴⁴ mian²¹	苹果	苹果	pʻiəŋ¹³ kuə⁵³
左边	左面	tsuə²² mian⁵³	桃子	桃儿	tʻɔ¹³ ɯ⁵³
右边	右面	iɣu²² mian⁴⁴	梨	梨	li¹³
中间	中间	tʂuŋ²² tɕian⁴⁴	李子	李子	li⁵³ tsʅ²¹
前面	前头	tɕʻian²² tʻɣu⁵³	杏	杏子	xəŋ³⁵ tsʅ²¹
后面	后头	xɣu³⁵ tʻɣu²¹	橘子	橘子	tɕy¹³ tsʅ⁵³
末尾	最后面	tsuei³⁵ xɣu¹³ mian²¹	柚子	柚子	iɣu³⁵ tsʅ²¹
对面	前面	tɕʻian¹³ mian⁵³	柿子	柿子	ʂʅ³⁵ tsʅ²¹
面前	眼前	ian⁵³ tɕʻian⁵³	石榴	石榴	ʂʅ¹³ liɣu²⁴
枣	枣儿	tsɔ⁵³ ɯ²¹	黄瓜	黄瓜	xuɑŋ¹³ kua⁵³
栗子	毛栗子	mɔ¹³ li⁵³ tʂʅ²¹	丝瓜	（无）	

续表

调查条目	词形	词音	调查条目	词形	词音
核桃	核桃	xə¹³t'ɔ¹³	南瓜	南瓜	nan¹³kua⁵³
银杏	(无)		荸荠	(无)	
甘蔗	甘蔗	kan¹³tʂə⁵³	红薯	红苕	xuŋ¹³ʂɔ¹³
木耳	木耳	mu¹³ɯ⁵³	马铃薯	山药	ʂan¹³yɛ¹³
蘑菇	蘑菇	mə¹³ku⁵³	芋头	(无)	
香菇	香菇	ɕiaŋ¹³ku⁵³	山药	(无)	
稻子	大米	ta³⁵mi⁵³	藕	藕	ɣu⁵³
稻谷	大米	ta³⁵mi⁵³	老虎	老虎	lɔ¹³xu⁵³
稻草	大米草	ta³⁵mi²¹ts'ɔ⁵³	猴子	猴儿	xɣu¹³ɯ⁵³
大麦	大麦	ta³⁵mɛ²¹	蛇	长虫	tʂ'aŋ¹³tʂ'uəŋ⁵³
小麦	小麦	ɕiɔ⁵³mɛ²¹	老鼠	老鼠	lɔ¹³tʂ'u⁵³
麦秸	麦草	mɛ¹³ts'ɔ⁵³	蝙蝠	夜老鼠	iɛ³⁵lɔ¹³tʂ'u⁵³
谷子	谷子	ku¹³tsʅ⁵³	鸟儿	雀儿	tɕ'iɔ⁵³ɯ²¹
高粱	高粱	kɔ¹³liaŋ⁵³	麻雀	麻雀儿	ma¹³tɕ'iɔ⁵³ɯ²¹
玉米	苞谷	pɔ¹³ku¹³	喜鹊	夜雀	iɛ³⁵tɕ'iɔ¹³
棉花	棉花	mian¹³xua³¹	乌鸦	黑老哇	xə¹³lɔ⁵³va²¹
油菜	尕芥子	ka¹³kɛ³⁵tsʅ²¹	鸽子	鸽子	kə³⁵tsʅ²¹
芝麻	(无)		翅膀	膀子	paŋ⁵³tsʅ²¹
向日葵	嵌子	tɕ'ian³⁵tsʅ⁵³	爪子	爪爪	tʂua⁵³tʂua²¹
蚕豆	大豆	ta³⁵tɣu²¹	尾巴	尾巴	i⁵³pa²¹
豌豆	豆子	tɣu³⁵tsʅ²¹	窝	雀儿窝	tɕ'iɔ⁵³ɯ²¹və¹³
花生	花生	xua¹³ʂəŋ¹³	虫子	蛆儿	tɕ'y¹³ɯ⁵³
黄豆	黄豆	xuaŋ¹³tɣu³⁵	蝴蝶	夜别虎	iɛ³⁵piɛ¹³xu⁵³
绿豆	绿豆	lu¹³tɣu³⁵	蜻蜓	蜻蜓	tɕ'iəŋ¹³t'iəŋ⁵³
豇豆	刀豆	tɔ¹³tɣu³⁵	蜜蜂	蜂儿	fəŋ¹³ɯ⁵³
大白菜	大白菜	ta²⁴pə¹³ts'ɛ³⁵	蜂蜜	蜂蜜	mi³⁵fəŋ¹³
包心菜	疙瘩菜	kə¹³ta³⁵ts'ɛ³⁵	知了	(无)	
菠菜	绿菠菜	lu¹³pə¹³ts'ɛ³⁵	蚂蚁	蚂蚁	ma¹³i⁵³
芹菜	芹菜	tɕ'iəŋ¹³ts'ɛ³⁵	蚯蚓	曲蟮	tɕ'y¹³san⁵³
莴笋	笋子	suŋ⁵³tsʅ²⁴	蚕	蚕儿	ts'an¹³ɯ⁵³
韭菜	韭菜	tɕiɣu⁵³ts'ɛ²¹	蜘蛛	周周	tʂɣu¹³tʂɣu²⁴

续表

调查条目	词形	词音	调查条目	词形	词音
香菜	芫荽	ian^{13} suei^{24} ei^{24}	蚊子	蝇蝇子	iəŋ^{13} iəŋ^{53} tsʅ^{21}
葱	葱	tsʻuŋ^{13}	苍蝇	苍蝇	tsʻɑŋ^{13} iəŋ^{24}
蒜	蒜	suan^{35}	跳蚤	虼蚤	kə^{13} tsɔ^{24}
姜	生姜	ʂəŋ^{13} tɕiɑŋ^{13}	虱子	虱子	ʂʅ^{13} tsʅ^{24}
洋葱	洋蒜	iɑŋ^{13} suan^{35}	鱼	鱼儿	y^{13} ɯ^{24}
辣椒	辣子	la^{13} tsʅ^{24}	鲤鱼	鲤鱼	li^{53} y^{13}
茄子	茄子	tɕʻiɛ^{13} tsʅ^{24}	鳙鱼	大头鱼	ta^{35} tʻɣu^{13} y^{13}
西红柿	柿子	ʂʅ^{35} tsʅ^{21}	鲫鱼	鲫鱼	tɕi^{13} y^{13}
萝卜	萝卜	luə^{13} pə^{24}	甲鱼	甲鱼	tɕia^{13} y^{13}
胡萝卜	黄萝卜	xuaŋ^{13} luə^{13} pə^{24}	鳞	甲	tɕia^{13}
虾	虾	ɕia^{13}	街道	街道	tɕiɛ^{13} tɔ^{35}
螃蟹	螃蟹	pʻaŋ^{13} ɕiɛ^{35}	盖房子	盖房子	kɛ^{35} faŋ^{13} tsʅ^{35}
青蛙	癞蛤蟆	lɛ^{35} xa^{13} ma^{53}	房子	房子	faŋ^{13} tsʅ^{35}
癞蛤蟆	癞蛤蟆	lɛ^{35} xa^{13} ma^{53}	屋子	屋	vu^{13}
马	马	ma^{53}	卧室	（无）	
驴	驴	ly^{13}	茅屋	（无）	
骡	骡子	luə^{13} tsʅ^{53}	厨房	灶火	tsɔ^{35} xuə^{21}
牛	牛	ȵiɣu^{13}	灶	锅头	kuə^{31} tʻɣu^{24}
公牛	种牛	tʂuəŋ^{53} ȵiɣu^{13}	锅	锅	kuə^{13}
母牛	雌牛	tsʻʅ^{53} ȵiɣu^{13}	饭锅	锅	kuə^{13}
放牛	挡牛	taŋ^{35} ȵiɣu^{13}	菜锅	锅	kuə^{13}
羊	羊	iɑŋ^{13}	厕所	茅厕圈	mɔ^{13} tsʻə^{53} tɕyan^{35}
猪	猪	tʂu^{13}	檩	檩子	liəŋ^{53} tsʅ^{21}
种猪	公猪	kuəŋ^{13} tʂu^{13}	柱子	柱子	tʂu^{35} tsʅ^{21}
公猪	猪	tʂu^{13}	大门	大门	ta^{35} məŋ^{13}
母猪	海塘	xɛ^{53} tʻaŋ^{13}	门槛儿	门槛	məŋ^{13} kʻan^{21}
猪崽	尕猪娃	ka^{35} tʂu^{13} va^{13}	窗	窗子	tʂʻuaŋ^{31} tsʅ^{53}
猪圈	猪圈	tʂu^{13} tɕyan^{35}	梯子	梯子	tʻi^{31} tsʅ^{53}
养猪	养猪	iaŋ^{53} tʂu^{53}	扫帚	扫帚	ʂɔ^{35} tʂɣu^{13}
猫	猫儿	mɔ^{13} ɯ^{24}	扫地	扫地	ʂɔ^{53} ti^{35}
公猫	郎猫儿	laŋ^{35} mɔ^{13} ɯ^{24}	垃圾	窝索	və^{13} suə^{53}

续表

调查条目	词形	词音	调查条目	词形	词音
母猫	米猫儿	mi^{35} mɔ^{13} ɯ^{24}	家具	家具	tɕia^{13} tɕy^{35}
狗	狗	kɣu^{53}	东西	东西	tuəŋ^{13} ɕi^{24}
公狗	牙狗	ia^{13} kɣu^{53}	炕	炕	k'ɑŋ^{35}
母狗	草狗	ts'ɔ^{13} kɣu^{53}	床	床	tʂ'uaŋ^{13}
叫	扯	tʂ'ə^{53}	枕头	枕头	tʂəŋ^{35} t'ɣu^{21}
兔子	兔子	t'u^{35} tsɿ^{21}	被子	被儿	pi^{35} ɯ^{21}
鸡	鸡	tɕi^{13}	棉絮	棉絮	mian^{13} ɕy^{35}
公鸡	公鸡	kuaŋ^{13} tɕi^{13}	床单	床单	tʂ'uaŋ^{13} tan^{31}
母鸡	母鸡	mu^{53} tɕi^{13}	褥子	褥子	ʐu^{13} tsɿ^{13}
叫	叫鸣	tɕiɔ^{35} miən^{13}	席子	席子	ɕi^{13} tsɿ^{35}
下	下	ɕia^{35}	蚊帐	蚊帐	vəŋ^{13} tsɑŋ^{35}
孵	抱	pɔ^{35}	桌子	桌子	tʂuə^{13} tsɿ^{53}
鸭	鸭子	ia^{13} tsɿ^{35}	柜子	柜子	kuei^{35} tsɿ^{21}
鹅	鹅	ɯ^{13}	抽屉	抽匣	tʂ'ɣu^{13} ɕia^{24}
阉	骟	ʂan^{35}	案子	案子	an^{24} tsɿ^{21}
阉	劁	tɕ'iɔ^{13}	椅子	椅子	i^{53} tsɿ^{21}
阉	旋	ɕyan^{35}	凳子	板凳	pan^{53} təŋ^{21} 2 1
喂	喂	vei^{35}	马桶	（无）	
杀猪	宰猪	tsɛ^{53} tʂu^{13}	菜刀	切刀	tɕ'iɛ^{31} tɔ^{13}
杀	（无）		瓢	马勺	ma^{53} ʂɔ^{13}
村庄	庄子	tʂuaŋ^{13} tsɿ^{3}	缸	缸	kɑŋ^{13}
胡同	巷道	xɑŋ^{35} tɔ^{35}	坛子	坛坛	t'an^{13} t'an^{53}
瓶子	瓶瓶	p'iəŋ^{13} p'iəŋ^{24}	戒指	戒指	tɕiɛ^{35} tsɿ^{21}
盖子	盖盖	kɛ^{35} kɛ^{21}	手镯	攀子	p'an^{13} tsɿ^{53}
碗	碗	van^{53}	理发	推头	t'uei^{13} t'ɣu^{24}
筷子	筷子	k'uɛ^{35} tsɿ^{21}	梳头	梳头	ʂu^{13} t'ɣu^{24}
汤匙	勺勺	ʂɔ^{13} ʂɔ^{24}	米饭	米饭	mi^{53} fan^{21}
柴火	烧柴	ʂɔ^{13} tʂ'ɛ^{13}	稀饭	米汤	mi^{53} t'ɑŋ^{13}
火柴	洋火	iɑŋ^{13} xuɛ^{53}	面粉	面	mian^{35}
锁	锁子	suə^{53} tsɿ^{21}	面条	旗花	tɕ'i^{35} xua^{21}
钥匙	钥匙	iɔ^{13} ʂɿ^{24}	面儿	面	mian^{35}

续表

调查条目	词形	词音	调查条目	词形	词音
暖水瓶	电壶	tian³⁵ xu¹³	馒头	馍馍	mə¹³ mə²⁴
脸盆	脸盆	lian⁵³ pʻəŋ¹³	包子	包子	pɔ¹³ tsʅ⁵³
洗脸水	洗脸水	ɕi¹³ lian⁵³ ʂuei⁵³	饺子	饺子	tɕiɔ⁵³ tsʅ²¹
毛巾	毛巾	mɔ¹³ tɕiəŋ⁵³	馄饨	(无)	
手绢	尕手巾	ka³⁵ ʂɣu⁵³ tɕiəŋ⁵³	馅儿	馅子	ɕian³⁵ tsʅ²¹
肥皂	胰子	i¹³ tsʅ⁵³	油条	油条	iɣu¹³ tʻiɔ¹³
梳子	木梳	mu¹³ ʂu¹³	豆浆	豆浆	tɣu³⁵ tɕiaŋ³⁵
缝衣针	针	tʂəŋ¹³	豆腐脑	豆腐脑	tɣu³⁵ fu²¹ nɔ⁵³
剪子	剪子	tɕian⁵³ tsʅ²¹	元宵	元宵	yan¹³ ɕiɔ¹³
蜡烛	蜡	la¹³	粽子	粽子	tsuəŋ³⁵ tsʅ²¹
手电筒	手电	ʂɣu⁵³ tian³⁵	年糕	(无)	
雨伞	伞	san⁵³	点心	点心	tian⁵³ ɕiəŋ²¹
自行车	自行车	tsʅ³⁵ ɕiəŋ¹³ tʂʻɣ¹³	菜	菜	tsʻɛ³⁵
衣服	衣裳	i¹³ ʂaŋ²⁴	干菜	干菜	kan³¹ tsʻɛ³⁵
穿	穿	tʂʻuan¹³	豆腐	豆腐	tɣu³⁵ fu²¹
脱	脱	tʻuə¹³	猪血	猪血	tʂu¹³ ɕye¹³
系	系	tɕi³⁵	猪蹄	猪蹄子	tʂu³¹ tʻi¹³ tsʅ²¹
衬衫	衬衣	tʂʻəŋ³⁵ i¹³	猪舌头	猪舌头	tʂu³¹ ʂə¹³ tʻɣu⁵³
背心	袷袷	tɕia³⁵ tɕia²¹	猪肝	猪肝子	tʂu³¹ kan¹³ tsʅ⁵³
毛衣	毛衣	mɔ¹³ i²¹	下水	下水	ɕia³⁵ ʂuei²¹
棉衣	背心	pei³⁵ ɕiəŋ²¹	鸡蛋	鸡蛋	tɕi¹³ tan³⁵
袖子	袖子	iɣu³⁵ tsʅ²¹	松花蛋	变蛋	pian³⁵ tan³⁵
口袋	抽抽	tʂʻɣu¹³ tʂʻɣu⁵³	猪油	大油	ta³⁵ iɣu¹³
裤子	裤子	kʻu³⁵ tsʅ²¹	香油	香油	ɕiaŋ³¹ iɣu¹³
短裤	半截裤	pan³⁵ tɕiɛ¹³ kʻu³⁵	酱油	酱油	tɕiaŋ³⁵ iɣu¹³
裤腿	裤腿	kʻu³⁵ tʻuei²¹	盐	盐	ian¹³
帽子	帽子	mɔ³⁵ tsʅ²¹	醋	醋	tsʻu³⁵
鞋子	鞋	xɛ¹³	香烟	纸烟	tʂʅ⁵³ ian¹³
袜子	袜子	va¹³ tsʅ⁵³	旱烟	黄烟	xuaŋ¹³ ian¹³
围巾	围巾	vei³⁵ tɕiəŋ²¹	白酒	辣酒	la¹³ tɕiɣu⁵³
围裙	围裙	vei¹³ tɕʻyŋ⁵³	黄酒	黄酒	xuaŋ¹³ tɕiɣu⁵³

续表

调查条目	词形	词音	调查条目	词形	词音
尿布	毡毡	tʂan¹³ tʂan⁵³	江米酒	醪糟	lɔ¹³ tsʅ⁵³
扣子	纽子	niɣu⁵³ tsʅ²¹	茶叶	茶叶	tʂʻa¹³ iɛ⁵³
扣	系	tɕi³⁵	沏	泡	pʻɔ³⁵
冰棍儿	冰棍	piəŋ³¹ kuəŋ³⁵	胡子	胡子	xu¹³ tsʅ²⁴
做饭	做饭	tsu³¹ fan³⁵	脖子	脖子	pə¹³ tsʅ²⁴
炒菜	炒菜	tʂʻɔ⁵³ tsʻɛ³⁵	喉咙	嗓子	saŋ⁵³ tsʅ²¹
煮	煮	tʂu⁵³	肩膀	胛子	tɕia¹³ tsʅ⁵³
煎	炒	tʂʻɔ⁵³	胳膊	胳膊	kə¹³ pə²⁴
炸	炸	tʂa¹³	手	手	ʂɣu⁵³
蒸	蒸	tʂəŋ¹³	左手	左手	tsuə¹³ ʂɣu⁵³
揉	揉	zɣu¹³	右手	右手	iɣu³⁵ ʂɣu⁵³
擀	擀	kan⁵³	拳头	锤头	tʂʻuei¹³ tʻɣu⁵³
吃早饭	吃早饭	tʂʻʅ³¹ tsɔ⁵³ fan²¹	手指	指头	tʂʅ¹³ tʻɣu⁵³
吃午饭	吃晌午	tʂʅ³¹ ʂaŋ¹³ vu⁵³	大拇指	大拇指	ta³⁵ mu¹³ tʂʅ⁵³
吃晚饭	吃黑饭	tʂʅ³¹ xei¹³ fan³⁵	食指	二拇指	ɯ³⁵ mu¹³ tʂʅ⁵³
吃	吃	tʂʅ¹³	中指	中指	tʂuŋ¹³ tʂʅ⁵³
喝	喝	xə¹³	无名指	四拇指	sʅ³⁵ mu¹³ tʂʅ⁵³
喝	喝	xə¹³	小拇指	尕拇指头	ka¹³ mu⁵³ tʂʅ¹³ tʻɣu²⁴
抽	吃	tʂʅ¹³	指甲	指甲	tʂʅ¹³ tɕia³¹
盛	舀	iɔ⁵³	腿	腿	tʻuei³⁵
夹	搛	tɕian¹³	脚	脚	tɕiɔ¹³
剌	倒	tɔ³⁵	膝盖	脖肋盖	pə³¹ lə¹³ kɛ²⁴
渴	炕	kʻɑŋ³⁵	背	脊梁	tɕi³¹ liaŋ²⁴
饿	饿	və³⁵	肚子	肚子	tu³⁵ tsʅ²¹
噎	噎	iɛ¹³	肚脐	肚母脐	tu³⁵ mu⁵³ tɕʻi²¹
头	头	tʻɣu¹³	乳房	捏捏	ȵiɛ¹³ ȵiɛ⁵³
头发	头发	tʻɣu¹³ fa⁵³	屁股	屁眼	pʻi³⁵ ian⁵³
辫子	顶搭	tiəŋ⁵³ ta²¹	肛门	屁眼门	pʻi³⁵ ian⁵³ məŋ¹³
旋	旋	ɕyan³⁵	阴茎	尿	tɕʻiɣu¹³
额头	眉脸	mei¹³ lian⁵³	女阴	戻	pi¹³
相貌	模样	mu¹³ iaŋ⁵³	貪	日	zʅ¹³

续表

调查条目	词形	词音	调查条目	词形	词音
脸	脸	lian⁵³	精液	㑚	suŋ¹³
眼睛	眼睛	ian⁵³ tɕiəŋ²¹	来月经	血气来着	ɕyɛ³¹ tɕʻi³⁵ lɛ¹³ t ʂə²¹
眼珠	眼珠子	ian⁵³ tʂu³¹ tsɿ²¹	拉屎	把屎	pa¹³ ʂɿ⁵³
眼泪	眼泪	ian⁵³ luei²¹	撒尿	尿尿	ȵiɔ³⁵ ȵiɔ³⁵
眉毛	眉毛	mi¹³ mɔ²⁴	放屁	放屁	faŋ³⁵ pʻi³⁵
耳朵	耳朵	ɯ⁵³ tuə²¹	病了	病下了	piəŋ³⁵ ɕia³¹ lɔ²¹
鼻子	鼻子	pi¹³ tsɿ⁵³	相当于"他妈的"的口头禅	家妈着话了	tɕia³¹ ma⁵³ t ʂuə³¹ xua¹³ lɔ²¹
鼻涕	鼻子	pi¹³ tsɿ²⁴			
擤	擤	ɕiəŋ⁵³	着凉	凉下了	liaŋ¹³ ɕia³⁵ lɔ²¹
嘴巴	嘴	tsuei⁵³	咳嗽	咳着	kʻə³¹ t ʂuə²⁴
嘴唇	嘴皮子	tsuei⁵³ pʻi¹³ tsɿ²¹	发烧	发烧	fa¹³ ʂɔ¹³
口水	颔水	xan¹³ ʂuei⁵³	发抖	抖着	tɤu⁵³ t ʂə²¹
舌头	舌头	ʂə³⁵ tʻɤu²¹	肚子疼	肚子疼	tu³⁵ tsɿ²¹ tʻəŋ¹³
牙齿	牙齿	ia¹³ tʂʻɿ⁵³	拉肚子	拉肚子	la¹³ tu³⁵ tsɿ²¹
下巴	下巴骨	ɕia³⁵ pa³¹ ku²¹	患疟疾	（无）	
中暑	中暑	tʂuəŋ¹³ ʂu⁵³	入殓	入殓	ʐu¹³ lian⁵³
肿	肿	tʂuəŋ⁵³	棺材	棺材	kuan¹³ tsʻɛ²⁴
化脓	化脓	xua³⁵ nuəŋ¹³	出殡	送殡	suəŋ³⁵ piəŋ¹³
疤	疤	pa¹³	灵位	灵牌	liəŋ¹³ pʻɛ¹³
癣	癣斑	ɕian⁵³ pan¹³	坟墓	坟滩	fəŋ¹³ tʻan¹³
痣	记	tɕi³⁵	上坟	上坟	ʂaŋ³⁵ fəŋ¹³
疙瘩	疙瘩	kə³¹ ta¹³	纸钱	纸钱	tʂɿ⁵³ tɕʻian²¹
狐臭	臭者	tʂʻɤu³⁵ tʂə²¹	老天爷	老天爷	lɔ⁵³ tʻian³¹ iɛ²⁴
看病	看病	kʻan³⁵ piəŋ³⁵	菩萨	菩萨爷	pʻu¹³ sa³¹ iɛ²¹
诊脉	号脉	xɔ³⁵ mɛ¹³	观音	菩萨	pʻu¹³ sa¹³
针灸	扎针	tʂa¹³ tʂəŋ¹³	灶神	灶君爷	tsɔ³⁵ tɕyəŋ³¹ iɛ²¹
打针	打针	ta⁵³ tʂəŋ¹³	寺庙	寺庙	sɿ³⁵ miɔ³⁵
打吊针	打吊针	ta⁵³ tiɔ³⁵ tʂəŋ¹³	祠堂	祠堂	tsʻɿ¹³ tʻaŋ²¹

续表

调查条目	词形	词音	调查条目	词形	词音
吃药	吃药	tʂʻʅ¹³ iɔ¹³	和尚	和尚	xuə¹³ ʂaŋ³⁵
汤药	中药	tʂuaŋ¹³ iɔ¹³	尼姑	姑姑	ku¹³ ku²¹
病轻了	病松了	piəŋ³⁵ suəŋ¹³ lɔ⁵³	道士	道人	tɔ³⁵ ʐəŋ²¹
说媒	当媒	taŋ¹³ mei³⁵	算命	算命	suan³⁵ miəŋ³⁵
媒人	媒人	mei³⁵ ʐən²¹	运气	运气	yuŋ³⁵ tɕi²¹
相亲	看媳妇	kʻan³⁵ ɕi³¹ fu³⁵	保佑	保佑	pɔ⁵³ iɣu³⁵
订婚	订婚	tiəŋ³⁵ xuəŋ¹³	人	人	ʐəŋ¹³
嫁妆	嫁妆	tɕia³⁵ tʂuaŋ¹³	男人	男子汉	nan¹³ tsʅ⁵³ xan²⁴
结婚	迎媳妇	iəŋ¹³ ɕi¹³ fu²¹	女人	媳妇	ɕi¹³ fu³⁵
娶妻子	迎媳妇	iəŋ¹³ ɕi¹³ fu²¹	单身汉	光棍汉	kuaŋ³¹ kʻuŋ³⁵ xan²¹
出嫁	打发	ta⁵³ fa²¹	老姑娘	老丫头	lɔ⁵³ ia³¹ tʻɣu²⁴
拜堂	拜天地	pɛ³⁵ tʻian³¹ ti³⁵	婴儿	尕月娃	ka³⁵ yɛ³¹ va²⁴
新郎	新女婿	ɕiəŋ¹³ n̩y⁵³ ɕy²¹	小孩	尕娃娃	ka¹³ va¹³ va¹³
新娘子	新新妇	ɕiəŋ¹³ ɕiəŋ³¹ fu³⁵	男孩	尕娃娃	ka¹³ va¹³ va¹³
孕妇	大肚子媳妇	ta³⁵ tu³⁵ tsʅ³⁵ ɕi³¹ fu³⁵	女孩	尕丫头	ka¹³ ia³¹ tʻɣu⁵³
怀孕	身重	ʂəŋ¹³ tʂuəŋ³⁵	老人	老人家	lɔ⁵³ ʐəŋ³⁵ tɕia²¹
害喜	害娃娃	xɛ³⁵ va¹³ va²¹	亲戚	亲亲	tɕiəŋ³⁵ tɕiəŋ²¹
分娩	养娃娃	iaŋ⁵³ va¹³ va²¹	朋友	连手	lian¹³ ʂɣu⁵³
流产	流过了	liɣu³⁵ kuə²¹ lɔ²¹	邻居	邻居	liəŋ¹³ tɕy⁵³
双胞胎	双双	ʂuaŋ³⁵ ʂuaŋ²¹	客人	客	kʻə¹³
坐月子	坐月	tsuə³⁵ yɛ¹³	农民	庄稼人	tʂuaŋ¹³ tɕia²⁴ ʐəŋ²¹
吃奶	吃奶奶	tʂʻʅ¹³ nɛ⁵³ nɛ²¹	商人	买卖人	mɛ⁵³ mɛ²¹ ʐəŋ²¹
断奶	隔奶奶	kə¹³ nɛ⁵³ nɛ²¹	手艺人	手艺人	ʂɣu⁵³ i³⁵ ʐəŋ²¹
满月	满月	man⁵³ yɛ¹³	泥水匠	泥水匠	ȵi¹³ ʂuei⁵³ tɕiaŋ²¹
生日	生日	ʂəŋ¹³ ʐʅ⁵³	木匠	掌尺	tʂaŋ⁵³ tʂʻʅ¹³
做寿	贺寿	xɛ³⁵ ʂɣu³⁵	裁缝	裁缝	tsʻɛ¹³ fəŋ⁵³
死	没了	mei³⁵ lɔ²¹	理发师	待诏	tɛ³⁵ tʂɔ¹³
死	走了	tsɣu⁵³ lɔ²¹	厨师	厨子	tʂʻu¹³ tsʅ⁵³
自杀	寻寻短见	ɕyəŋ¹³ tuan⁵³ tɕian³⁵	师傅	师傅	ʂʅ¹³ fu⁵³

续表

调查条目	词形	词音	调查条目	词形	词音
咽气	咽气	ian³⁵ tɕʻi³⁵	徒弟	徒弟	tʻu¹³ ti⁵³
乞丐	叫花子	tɕiɔ³⁵ xua³¹ tsɿ²¹	弟弟	兄弟	çyəŋ³¹ ti³⁵
妓女	婊子	piɔ⁵³ tsɿ²¹	弟媳	兄弟媳妇	çyəŋ³¹ ti³⁵ çi³¹ fu²¹
流氓	流氓	liɣu¹³ maŋ¹³	姐姐	姐姐	tɕiɛ⁵³ tɕiɛ²¹
贼	贼娃子	tsɛ¹³ va⁵³ tsɿ²¹	姐夫	姐夫	tɕiɛ⁵³ fu²¹
瞎子	瞎子	xa¹³ tsɿ⁵³	妹妹	妹妹	mei³⁵ mei²¹
聋子	聋子	luəŋ¹³ tsɿ⁵³	妹夫	妹夫	mei³⁵ fu²¹
哑巴	哑子	ia⁵³ tsɿ²¹	堂兄弟	堂兄弟	tʻaŋ¹³ çyəŋ³¹ ti³⁵
驼子	背锅	pei³⁵ kuə²¹	表兄弟	姑舅两姨	ku¹³ tɕiɣu³⁵ liaŋ⁵³ i²¹
瘸子	瘸腿子	tɕʻyɛ¹³ tʻuei⁵³ tsɿ²¹	妯娌	先后	çiaŋ³⁵ xɣu²¹
疯子	疯汉	fəŋ¹³ xan³⁵	连襟	挑担	tʻiɔ⁵³ tan²¹
傻子	瓜子	kua¹³ tsɿ⁵³	儿子	娃娃	va³⁵ va²¹
笨蛋	瞢松	məŋ³⁵ suəŋ¹³	儿媳妇	儿媳妇	ɯ¹³ çi³¹ fu⁵³
爷爷	爷	iɛ¹³	女儿	丫头	ia³¹ tʻɣu⁵³
奶奶	奶奶	nɛ⁵³ nɛ²¹	女婿	女婿娃	ȵy⁵³ çy³¹ va²¹
外祖父	外爷	vɛ³⁵ iɛ¹³	孙子	孙子	suəŋ¹³ tsɿ⁵³
外祖母	外奶	vɛ³⁵ nɛ⁵³	重孙子	重孙子	tʂʻuəŋ¹³ suəŋ¹³ tsɿ⁵³
父母	爹妈	tiɛ¹³ ma⁵³	侄子	侄儿子	tʂɿ¹³ ɯ¹³ tsɿ²⁴
父亲	爹	tiɛ¹³	外甥	外甥娃	vɛ³⁵ ʂəŋ³¹ va²¹
母亲	妈	ma⁵³	外孙	外孙子	vɛ³⁵ suəŋ¹³ tsɿ⁵³
爸爸	爹	tiɛ¹³	夫妻	两口子	liaŋ⁵³ kʻɣu⁵³ tsɿ²¹
妈妈	妈	ma⁵³	丈夫	男人	nan³⁵ ʐəŋ²¹
继父	后老子	xɣu³⁵ lɔ⁵³ tsɿ²¹	妻子	媳妇	çi¹³ fu⁵³
继母	后娘	xɣu³⁵ ȵiaŋ¹³	名字	名字	miəŋ³⁵ tsɿ³⁵
岳父	丈人	tʂaŋ³⁵ ʐəŋ²¹	绰号	妖名	iɔ¹³ miəŋ¹³
岳母	丈母娘	tʂaŋ²⁴ mu⁵³ ȵiaŋ¹³	干活儿	做活	tsuə³⁵ xuə¹³
公公	公公	kuəŋ¹³ kuəŋ⁵³	事情	事情	ʂɿ³⁵ tɕʻiəŋ²¹
婆婆	婆婆	pʻə¹³ pʻə²⁴	插秧	(无)	
伯父	大大	ta³⁵ ta²¹	割稻	(无)	

续表

调查条目	词形	词音	调查条目	词形	词音
伯母	妈妈	ma⁵³ ma²¹	种菜	种菜	tʂuəŋ³⁵ tsʻɛ³⁵
叔父	爸爸	pa¹³ pa²⁴	犁	杠子	kɑn⁵³ tsʅ²¹
排行最小的叔父	尕爸爸	ka¹³ pa²⁴ pa²¹	锄头	锄头	tʂʻu¹³ tʻɣu⁵³
			镰刀	镰刀	lian¹³ tɔ³¹
叔母	姨娘	i¹³ ȵiaŋ⁵³	把儿	把子	pa³⁵ tsʅ²¹
姑	娘娘	ȵiaŋ¹³ ȵiaŋ⁵³	扁担	扁担	pian⁵³ tan²¹
姑父	姑父	ku³⁵ fu²¹	箩筐	筐担	kʻuɑŋ¹³ tan³⁵
舅舅	阿舅	a¹³ tɕiɣu³⁵	筛子	筛子	ʂɛ⁵³ tsʅ²¹
舅妈	舅母	tɕiɣu³⁵ mu²¹	簸箕	簸箕	pə⁵³ tɕi²¹
姨	姨娘	i¹³ ȵiaŋ⁵³	簸箕	簸子	pə⁵³ tsʅ²¹
姨父	姨夫	i¹³ fu²¹	独轮车	独轱辘车	tu¹³ ku¹³ lu³⁵ tʂʻə²¹
弟兄	弟兄	ti³⁵ ɕyəŋ²¹	轮子	轮子	luəŋ¹³ tsʅ⁵³
姊妹	姊妹	tsʅ⁵³ mei²¹	碓	（无）	
哥哥	哥	kə¹³	臼	姜窝子	tɕiaŋ¹³ və¹³ tsʅ⁵³
嫂子	新姐	ɕiəŋ¹³ tɕiɛ⁵³	磨	磨	mə²⁴
年成	年成	ȵian¹³ tʂʻəŋ⁵³	钢笔	钢笔	kaŋ¹³ pi¹³
走江湖	跑江湖	pʻɔ⁵³ tɕiaŋ³¹ xu¹³	圆珠笔	油笔	iɣu¹³ pi¹³
打工	打工	ta⁵³ kuəŋ¹³	毛笔	毛生活	mɔ¹³ ʂəŋ³¹ xuə⁵³
斧子	斧头	fu⁵³ tʻɣu⁵³	墨	墨汁	mə¹³ tsʅ²¹
钳子	手钳	ʂɣu⁵³ tɕian¹³	砚台	砚瓦	ian³⁵ va⁵³
螺丝刀	改锥	kɛ⁵³ tʂuei¹³	信	信	ɕiəŋ³⁵
锤子	锤锤	tʂʻuei¹³ tʂʻuei²¹	连环画	花娃娃书	xua³¹ va¹³ va⁵³ ʂu²¹
钉子	钉子	tiəŋ¹³ tsʅ²¹	捉迷藏	抓迷藏	tʂua³¹ mi¹³ tsʻaŋ¹³
绳子	绳绳	ʂəŋ¹³ ʂəŋ²¹	跳绳	跳绳	tʻiɔ¹³ ʂəŋ¹³
棍子	棍	kuəŋ³⁵	毽子	钻子	tsuan³⁵ tsʅ²¹
做买卖	做买卖	tsuə¹³ mɛ⁵³ mɛ²¹	风筝	风筝	fəŋ¹³ tʂəŋ³⁵
商店	商店	ʂaŋ¹³ tian³⁵	舞狮	耍狮子	ʂua⁵³ ʂʅ¹³ tsʅ⁵³
饭馆	饭馆	fan³⁵ kuan⁵³	鞭炮	炮	pʻɔ²⁴
旅馆	店	tian³⁵	唱歌	唱歌	tʂʻɑŋ²⁴ kə¹³

续表

调查条目	词形	词音	调查条目	词形	词音
贵	贵	kuei³⁵	演戏	演戏	ian⁵³ ɕi²⁴
便宜	便宜	p'ian¹³ i²⁴	锣鼓	锣鼓	luɔ¹³ ku⁵³
合算	划来	xua¹³ lɛ¹³	二胡	二胡	ɯ³⁵ xu¹³
折扣	折扣	tʂə¹³ k'ɤu³⁵	笛子	笛子	ti¹³ tsʅ⁵³
亏本	亏本	k'uei¹³ pəŋ⁵³	划拳	划拳	xua¹³ tɕ'yan¹³
钱	钱	tɕ'ian¹³	下棋	下棋	ɕia³⁵ tɕ'i¹³
零钱	零花钱	liəŋ¹³ xua¹³ tɕ'ian²¹	打扑克	抹牌	ma¹³ p'ɛ¹³
硬币	白元	pə¹³ yan¹³	打麻将	打麻将	ta⁵³ ma¹³ tɕiaŋ³⁵
本钱	本	pəŋ⁵³	变魔术	变魔术	pian³⁵ mə¹³ ʂu³⁵
工钱	工钱	kuəŋ¹³ tɕ'ian²⁴	讲故事	说古今	ʂuə¹³ ku⁵³ tɕiəŋ¹³
路费	盘缠	p'an³⁵ tʂ'an²¹	猜谜语	猜谜	ts'ɛ¹³ mi³⁵
花	花	xua¹³	玩儿	浪	laŋ³⁵
赚	挣	tʂəŋ³⁵	串门儿	浪门	laŋ³⁵ məŋ¹³
挣	挣	tʂəŋ³⁵	走亲戚	浪亲亲	laŋ³⁵ tɕ'iəŋ³¹ tɕ'iəŋ²¹
欠	欠	tɕ'ian³⁵	看	看	k'an³⁵
算盘	算盘	suan³⁵ p'an²¹	听	听	t'iəŋ¹³
秤	秤	tʂ'əŋ³⁵	闻	闻	vəŋ¹³
称	称	tʂ'əŋ¹³	吸	吸	ɕi¹³
赶集	赶集	kan⁵³ tɕi¹³	睁	睁	tʂəŋ¹³
集市	集市	tɕi¹³ ʂʅ³⁵	闭	闭	pi³⁵
庙会	庙会	miɔ³⁵ xuei³⁵	眨	眨	tʂa¹³
学校	学校	ɕyɛ¹³ ɕiɔ³⁵	张	张	tʂaŋ¹³
教室	教室	tɕiɔ³⁵ ʂʅ¹³	咬	摘=	tʂɛ³⁵
上学	上学	ʂaŋ³⁵ ɕyɛ¹³	嚼	嚼	tɕyɛ¹³
放学	散学	san³⁵ ɕyɛ¹³	咽	咽	ian³⁵
考试	考试	k'ɔ⁵³ ʂʅ³⁵	舔	舔	t'ian⁵³
书包	书包	ʂu¹³ pɔ¹³	含	含	xan¹³
本子	本子	pəŋ⁵³ tsʅ²¹	亲嘴	亲嘴	tɕ'iəŋ¹³ tsuei⁵³

续表

调查条目	词形	词音	调查条目	词形	词音
铅笔	铅笔	tɕʻian¹³ pi¹³			
吮吸	嗄	tsa¹³	藏	藏（音枪）	tɕʻiɑŋ¹³
吐	吐	tʻu⁵³	放	放	fɑŋ³⁵
吐	吐	tʻu³⁵	摞	码=	ma⁵³
打喷嚏	打喷嚏	ta⁵³ pʻəŋ³⁵ tʻi²¹	埋	埋	mɛ¹³
拿	拿	na¹³	盖	盖	kɛ³⁵
给	给	kei³⁵	压	压	ia³⁵
摸	摸	mə⁵³	摁	压	ia³⁵
伸	伸	ʂəŋ¹³	捅	捣	tɔ⁵³
挠	挖	va¹³	插	插	tʂʻa¹³
掐	掐	tɕʻia¹³	戳	戳	tʂuə¹³
拧	拧	ȵiəŋ¹³	砍	砍	kʻan⁵³
捻	搓	tsʻuə¹³	剁	剁	tuə³⁵
掰	剥	pə¹³	削	削	ɕyɛ¹³
剥	剥	pə¹³	裂	炸=	tʂa³⁵
撕	撕	sʅ¹³	皱	出=	tʂʻu¹³
折	撅	tɕyɛ¹³	腐烂	臭	tʂʻɣu³⁵
拔	拔	pa¹³	擦	擦	tsʻa¹³
摘	摘	tʂɛ¹³	倒	倒	tɔ⁵³
站	站	tʂan³⁵	扔	撂	liɔ⁵³
倚	趄=	tɕʻiɛ¹³	扔	耍=	ʂua⁵³
蹲	蹲	tuəŋ¹³	掉	跌	tiɛ¹³
坐	坐	tsuə³⁵	滴	淌	tʻɑŋ⁵³
跳	跳	tʻiɔ¹³	丢	日	zʅ⁵³
迈	恰=	tɕʻia¹³	找	找	tʂɔ³⁵
踩	踏	tʻa¹³	捡	拾	sʅ⁵³
翘	翘	tɕʻiɔ³⁵	提	拿	na¹³
弯	弯	van¹³	挑	担	tan¹³
挺	贴=	tʻiɛ¹³	扛	掣=	tɕʻiɛ¹³
趴	趴	pa¹³	抬	抬	tʻɛ¹³

续表

调查条目	词形	词音	调查条目	词形	词音
爬	爬	pʻa¹³	举	打	ta⁵³
走	走	tsɣu⁵³	撑	打	ta⁵³
跑	跑	pʻɔ⁵³	撬	撬	tɕʻiɔ³⁵
逃	跑	pʻɔ⁵³	挑	挑	tʻiɔ¹³
追	抓	tʂua¹³	收拾	收拾	ʂɣu¹³ ʂʅ¹³
抓	抓	tʂua¹³	挽	编	pian¹³
抱	抱	pɔ³⁵	涮	涮	ʂuan³⁵
背	背	pei¹³	洗	洗	ɕi⁵³
搀	扶	fu¹³	捞	捞	lɔ¹³
推	搡	saŋ⁵³	拴	拴	ʂuan¹³
摔	跌	tiɛ¹³	捆	绑	paŋ⁵³
撞	碰	pʻəŋ³⁵	解	解	tɕiɛ⁵³
挡	挡	taŋ³⁵	挪	挪	nuə¹³
躲	藏（音枪）	tɕʻiaŋ¹³	端	端	tuan¹³
摔	掼	kuan³⁵	没有	没有	niɣu⁵³
掺	掺	tʂʻan¹³	是	是	ʂʅ³⁵
烧	烧	ʂɔ¹³	不是	不是	pu³¹ ʂʅ³⁵
拆	拆	tʂʻɛ¹³	在	在	tsɛ³⁵
转	转	tʂuan³⁵	不在	不在	pu³¹ tsɛ³⁵
捶	捶	tʂʻuei¹³	知道	知道	tʂʅ¹³ tɔ³⁵
打	打	ta⁵³	不知道	不知道	pu³¹ tʂʅ¹³ tɔ³⁵
打架	打仗	ta⁵³ tʂaŋ³⁵	懂	会	xuei³⁵
休息	缓	xuan⁵³	不懂	不会	pu³¹ xuei³⁵
打哈欠	打哈欠	ta⁵³ xa¹³ tɕʻian²¹	会	会	xuei³⁵
打瞌睡	打摆摆	ta⁵³ pɛ⁵³ pɛ²¹	不会	不会	pu³¹ xuei³⁵
睡	睡	ʂuei³⁵	认识	认得	zəŋ³⁵ tə²¹
打呼噜	拉呼	la¹³ xu¹³	不认识	认不得	zəŋ³⁵ pu³¹ tə²¹
做梦	做睡梦	tsuɔ¹³ ʂuei³⁵ məŋ²¹	行	成哩	tʂʻəŋ¹³ li⁵³
起床	起来	tɕʻi⁵³ lɛ²¹	不行	不成	pu³¹ tʂʻəŋ²⁴
刷牙	刷牙	ʂua¹³ ia¹³	肯	肯	kʻəŋ⁵³
洗澡	洗澡	ɕi¹³ tsɔ⁵³	应该	应该	iəŋ³⁵ kɛ¹³

续表

调查条目	词形	词音	调查条目	词形	词音
想	想	ɕiaŋ⁵³	可以	可以	kʻə⁵³ i¹³
思考	想	ɕiaŋ⁵³	说	说	ʂua¹³
打算	打算	ta⁵³ suan³⁵	话	话	xua³⁵
记得	记得	tɕi³⁵ tə²¹	聊天儿	喧干淡	ɕyan¹³ kan¹³ tan³⁵
忘记	忘过	vaŋ³⁵ kuə²¹	叫	叫	ɕiɔ³⁵
怕	害怕	xɛ³⁵ pʻa²¹	吆喝	喊	xan⁵³
相信	相信	ɕiaŋ¹³ ɕiəŋ³⁵	哭	吼	xɣu⁵³
发愁	愁肠	tʂʻɣu¹³ tʂʻaŋ²¹	骂	骂	ma³⁵
小心	小心	ɕiɔ⁵³ ɕiəŋ¹³	吵架	骂仗	ma³⁵ tʂaŋ³⁵
喜欢	爱	ɛ³⁵	骗	哄	xuəŋ⁵³
讨厌	仇	tʂʻɣu¹³	哄	哄	xuəŋ⁵³
舒服	舒坦	ʂu¹³ tʻan⁵³	撒谎	编谎	pian¹³ xuaŋ⁵³
难受	难受	nan¹³ ʂɣu³⁵	吹牛	吹牛皮	tʂʻuei³¹ niɣu¹³ pʻi¹³
难过	难过	nan¹³ kuə³⁵	拍马屁	绺沟子	tɕʻiɣu⁵³ kɣu¹³ tsʅ⁵³
高兴	高兴	kɔ³¹ ɕiəŋ³⁵	开玩笑	开玩笑	kʻɛ¹³ van¹³ ɕiɔ³⁵
生气	生气	ʂəŋ¹³ tɕʻi³⁵	告诉	说给	ʂuə¹³ kei³⁵
责怪	责怪	tsə¹³ kuei³⁵	谢谢	麻烦了	ma¹³ fan¹³ lə²¹
后悔	后悔	xɣu⁵³ xuei²¹	对不起	对不起	tuei³⁵ pu³¹ tɕʻi⁵³
忌妒	忌妒	tɕi³⁵ tu²¹	再见	再见	tsɛ³⁵ tɕian³⁵
害羞	害羞	xɛ³⁵ ɕiɣu¹³	大	大	ta³⁵
丢脸	丢脸	tiɣu¹³ lian⁵³	小	尕	ka¹³
欺负	欺负	tɕʻi¹³ fu⁵³	粗	壮	tʂuaŋ³⁵
装	装	tʂuaŋ¹³	细	细	ɕi³⁵
疼	疼	tʻəŋ¹³	长	长	tʂʻaŋ¹³
要	要	iɔ³⁵	短	短	tuan⁵³
有	有	iɣu⁵³	宽	宽	kʻuan¹³
宽敞	宽大	kʻuan¹³ ta³⁵	热	热	ʐə¹³
窄	窄	tʂɛ¹³	暖和	热	ʐə¹³
高	高	kɔ¹³	凉	凉	liaŋ¹³
低	低	ti¹³	冷	冷	ləŋ⁵³
矮	尕	ka¹³	热	热	ʐə¹³

续表

调查条目	词形	词音	调查条目	词形	词音
远	远	yaŋ⁵³	凉	冰	piəŋ¹³
近	近	tɕiaŋ³⁵	干	干	kan¹³
深	深	ʂəŋ¹³	湿	湿	sʅ¹³
浅	浅	tɕʻian⁵³	干净	干净	kan¹³tɕiəŋ³⁵
清	清	tɕiəŋ¹³	脏	脏	tsɑŋ¹³
浑	稠	tʂʻɤu¹³	快	利	li³⁵
圆	圆	yan¹³	钝	老	lɔ⁵³
扁	扁	pian⁵³	快	快	kʻuɛ³⁵
方	方	fɑŋ¹³	慢	慢	man³⁵
尖	尖	tɕian¹³	早	早	tsɔ⁵³
平	平	pʻiəŋ¹³	晚	迟	tʂʻʅ¹³
肥	肥	fei¹³	晚	黑	xei¹³
瘦	瘦	ʂɤu³⁵	松	松	suəŋ¹³
胖	胖	pʻɑŋ³⁵	紧	紧	tɕiəŋ⁵³
黑	黑	xei¹³	容易	容易	yəŋ¹³i³⁵
白	白	pɛ¹³	难	难	nan¹³
红	红	xuəŋ¹³	新	新	ɕiəŋ¹³
黄	黄	xuɑŋ¹³	旧	旧	tɕiɤu³⁵
蓝	蓝	lan¹³	老	老年	lɔ⁵³ȵian¹³
绿	绿	ly¹³	年轻	年轻	ȵian¹³tɕʻiəŋ¹³
紫	紫	tsʅ⁵³	软	软	ʐuan⁵³
灰	灰	xuei¹³	硬	硬	iəŋ²⁴
多	多	tuə¹³	烂	淌过了	tʻɑŋ³⁵kuə³¹lə²¹
少	少	ʂɔ⁵³	糊	焦	tɕiɔ¹³
重	重	tʂuəŋ³⁵	结实	结实	tɕiɛ¹³ʂʅ¹³
轻	轻	tɕiəŋ¹³	破	破	pʻə³⁵
直	直	tʂʅ¹³	富	富	fu³⁵
陡	陡	tɣəŋ⁵³	穷	穷	ɕyəŋ¹³
弯	弯	van¹³	忙	忙	mɑŋ¹³
歪	斜	ɕiɛ¹³	闲	闲	ɕian¹³
厚	厚	xɣu³⁵	累	乏	fa¹³

续表

调查条目	词形	词音	调查条目	词形	词音
薄	薄	pə^{13}	疼	疼	t'əŋ^{13}
稠	糊	xu^{35}	痒	咬=	iɔ^{53}
稀	清	tɕ'iəŋ^{13}	热闹	红火	xuəŋ^{13} xuə^{53}
密	稠	tʂ'ɣu^{13}	熟悉	熟悉	ʂu^{13} ɕi^{13}
稀	稀	ɕi^{13}	陌生	生	ʂəŋ^{13}
亮	亮	liaŋ^{35}	味道	味道	vei^{35} tɔ^{21}
黑	黑	xei^{13}	气味	味道	vei^{35} tɔ^{21}
咸	含（咸）	xan^{13}	一万	一万	i^{13} van^{53}
淡	甜	t'ian^{13}	一百零五	一百零五	i^{13} pɛ^{13} liəŋ^{13} vu^{53}
酸	酸	suan^{13}	一百五十	一百五	i^{13} pɛ^{13} vu^{53}
甜	甜	t'ian^{13}	第一	第一	ti^{35} i^{13}
苦	苦	k'u^{53}	二两	二两	ɯ^{13} liaŋ^{53}
辣	辣	la^{31}	几个	几个	tɕi^{53} kə^{21}
鲜	香	ɕiaŋ^{13}	俩	两个	liaŋ^{53} kə^{21}
香	香	ɕiaŋ^{13}	仨	三个	san^{13} kə^{35}
臭	臭	tʂ'ɣu^{35}	个把	一两个	i^{13} liaŋ^{53} kə^{24}
馊	馊	sɣu^{13}	个	个	kə^{35}
腥	腥	ɕiəŋ^{13}	匹	匹	p'i^{35}
好	好	xɔ^{53}	头	头	t'ɣu^{13}
坏	坏	xuɛ^{35}	只	只	tʂʅ^{13}
差	差	tʂ'a^{13}	条	条	t'iɔ^{13}
对	对	tuei^{35}	张	张	tʂaŋ^{13}
错	错	ts'uə^{35}	床	床	tʂ'uaŋ^{13}
漂亮	标致	piɔ^{13} tʂʅ^{35}	领	张	tʂaŋ^{13}
丑	丑	tʂ'ɣu^{53}	双	双	ʂuaŋ^{13}
勤快	勤快	tɕ'iəŋ^{13} k'uɛ^{35}	把	把	pa^{53}
懒	懒	lan^{53}	根	根	kəŋ^{13}
乖	乖	kuɛ^{13}	支	支	tʂʅ^{13}
顽皮	调皮	t'iɔ^{13} p'i^{13}	副	副	fu^{35}
老实	老实	lɔ^{53} ʂʅ^{13}	面	块	k'uei^{53}
傻	瓜	kua^{13}	块	坨	t'uə^{13}

续表

调查条目	词形	词音	调查条目	词形	词音
笨	蓸	məŋ¹³	辆	辆	liaŋ⁵³
大方	大方	ta³⁵faŋ³¹	座	院	yan³⁵
小气	小气	ɕiɔ⁵³tɕʻi²¹	座	座	tsuɔ³⁵
直爽	直爽	tʂʅ²⁴ʂuaŋ⁵³	条	条	tʻiɔ¹³
犟	犟	tɕiaŋ²⁴	棵	棵	kʻuə⁵³
一	一	i¹³	朵	朵	tuə⁵³
二	二	ɯ³⁵	颗	颗	kʻuə⁵³
三	三	san¹³	粒	颗	kʻuə⁵³
四	四	sʅ³⁵	顿	顿	tuəŋ³⁵
五	五	vu⁵³	剂	副	fu³⁵
六	六	liɣu¹³	股	股	ku⁵³
七	七	tɕʻi¹³	行	行	ɕiaŋ¹³
八	八	pa¹³	块	块	kʻuei⁵³
九	九	tɕiɣu⁵³	毛	毛	mɔ¹³
十	十	ʂʅ¹³	件	件	tɕian³⁵
二十	二十	ɯ³⁵ʂʅ¹³	点儿	点	tian⁵³
三十	三十	san¹³ʂʅ¹³	些	些	ɕiɛ¹³
一百	一百	i¹³pɛ¹³	下	挂	kua³⁵
一千	一千	i¹³tɕʻian¹³	会儿	会	xuei³⁵
顿	顿	tuŋ³⁵	刚	将	tɕiaŋ¹³
阵	会	xuei³⁵	才	才	tsʻɛ¹³
趟	趟	tʻaŋ³⁵	就	就	tɕiɣu³⁵
我	我	və⁵³	经常	经常	tɕiaŋ¹³tʂʻaŋ¹³
你	你	ȵi⁵³	又	可	kʻə³⁵
您	(无)		还	还	xuan¹³
他	家	tɕia¹³	再	再	tsɛ³⁵
我们	我们	və⁵³məŋ²¹	也	也	iɛ⁵³
咱们	(无)		反正	反正	fan⁵³tʂən³⁵
你们	你们	ȵi⁵³məŋ³²	没有	没有	miɣu⁵³
他们	家们	tɕia¹³məŋ⁵³	不	不	pu¹³
大家	大家	ta³⁵tɕia¹³	别	嫑	pəŋ¹³

续表

调查条目	词形	词音	调查条目	词形	词音
自己	个人	kə^{35} z̩əŋ^{13}	甭	嫑	pəŋ^{13}
别人	人家	z̩əŋ^{13} tɕia^{13}	快	快	k'uɛ^{35}
我爸	我爹	və^{53} tiɛ^{13}	差点儿	差乎	tʂ'a^{13} xu^{53}
你爸	你爹	ȵi^{53} tiɛ^{13}	宁可	能可	nəŋ^{13} k'ə^{53}
他爸	家爹	tɕia^{13} tiɛ^{13}	故意	故意子	ku^{35} i^{35} tsʅ^{21}
这个	致个	tʂʅ^{53} kə^{21}	随便	随便	suei^{13} pian^{35}
那个	奈个	nɛ^{53} kə^{21}	白	白	pɛ^{13}
哪个	阿一个	a^{35} i^{31} kə^{21}	肯定	肯定	k'əŋ^{53} tiəŋ^{35}
谁	阿个	a^{13} kə^{35}	可能	可能	k'ə^{53} nəŋ^{13}
这里	致些哩	tʂʅ^{53} ɕiɛ^{31} li^{21}	一边	一边	i^{13} pian^{13}
那里	奈里	nɛ^{53} li^{21}	和	连	lian^{13}
哪里	阿哩	a^{13} li^{24}	对	对	tuei^{35}
这样	致门	tʂʅ^{53} məŋ^{21}	往	往	vɑŋ^{53}
那样	能=门	nəŋ^{53} məŋ^{21}	向	向	ɕiɑŋ^{35}
怎样	怎门	tsəŋ^{53} məŋ^{21}	按	按	an^{35}
这么	致门	tʂʅ^{53} məŋ^{21}	替	替	t'i^{35}
怎么	自门	tsʅ^{53} məŋ^{21}	如果	如果	z̩u^{13} kuə^{53}
什么	什么	ʂəŋ^{35} məŋ^{21}	不管	不管	pu^{13} kuan^{53}
什么	什么	ʂəŋ^{35} məŋ^{21}			
为什么	怎门	tsəŋ^{53} məŋ^{21}			
干什么	做什么	tsu^{35} ʂəŋ^{35} məŋ^{21}			
多少	多少	tuə^{13} ʂɔ^{53}			
很	很	xəŋ^{53}			
非常	胡都	xu^{13} tu^{21}			
更	还	xuan^{13}			
太	太	t'ɛ^{35}			
最	最	tsuei^{35}			
都	一挂	i^{13} kua^{35}			
一共	一共	i^{13} kuəŋ^{35}			
一起	一搭	i^{35} ta^{21}			
只		tʂʅ^{13}			

莫超在罗川村调查方言［发音合作人罗连福（中）、罗更英（右），李泽琴摄］

二 词汇特点

（一）造词法。造词法就是创制新词的方法。对于同一个事物或现象，由于人们的思维规律与造词心理不同，命名角度不同，即造词理据的差异，就会产生不同的说法，这也是方言与普通话存在差异的一个重要原因。太极川方言词汇大多数跟普通话相同，表现出官话方言的共性特征，但也存在造词方面的差异。太极镇造词法可以分为七个下位类型。

1. 根据对事物的形象描述造词

普通话	太极川方言
冰雹	蛋蛋
罗锅	背锅
辫子	顶搭
瓢	马勺
包心菜	疙瘩菜
打瞌睡	打摆摆

害喜	害娃娃
怀孕	身重
来月经	血气来着
病轻了	病松了
垃圾	窝索
笨蛋	瞢松
聊天	喧干淡
日食	天狗吃热头
月食	天狗吃月亮

2. 根据动物的特征造词

普通话	太极川方言
蝙蝠	夜老鼠
喜鹊	夜雀
乌鸦	黑老哇
蝴蝶	夜别虎
母猪	海塘
猪仔	尕猪娃
公猫	郎猫儿
母猫	米猫儿

3. 根据相关位置、构件造词

普通话	太极川方言
田埂	盖楞
厨房	灶火
洪水	山水
厕所	茅厕圈
额头	眉眼
相貌	模样
嘴唇	嘴皮子
下巴	下巴骨
喉咙	嗓子
肩膀	胛子

　　　　发愁　　　　　　愁肠
4. 根据时间造词

普通话（释义）	太极川方言
今天	今个
明天	明个
后天	后个
上午	早上
中午	晌午
下午	后晌
傍晚	擦黑儿
夜晚	晚夕
半夜	半夜会

5. 根据亲属关系及职能造词

普通话	太极川方言
父亲	先人
嫂子	新姐
表兄弟	姑舅两姨
朋友	联手
理发师	待招
木匠	掌尺
绰号	妖名
毛笔	毛生活

6. 根据表小或喜爱的心理重叠造词

普通话（释义）	太极川方言
坛子	坛坛
瓶子	瓶瓶
盖子	盖盖
汤匙	勺勺
背心	袂袂
口袋	抽抽
尿布	毡毡

乳房	捏捏
亲戚	亲亲
锤子	锤锤
绳子	绳绳
叶子	叶叶
花蕾	花苞苞

上述词前都可以加"尕"。

7. 根据动作行为造词

普通话	太极川方言
吮吸	咂
折	撅
擦	码
扛	挈
挽（袖口、裤腿等）	褊
摔	掼
哭	吼（读平声）
骂	日戳
讨厌	仇
放牛	挡牛
聊天	谝干淡

（二）构词法。与普通话一样，太极川方言分为附加式构词法和复合式构词法两种，但也有自身的特点。

1. 附加式构词法

太极川方言附加式构词法有前缀、后缀两种。

（1）前缀常用"尕、阿"，如"尕芥子、尕磨（手推磨）、阿姨、阿舅"等。"尕"表示量小，"阿"则带有喜爱的意味。

（2）后缀常用"儿、子、个"等，如："郎猫儿、米猫儿、擦黑儿、嘴皮子、贼娃子、钳子（向日葵）、庄子（村庄）、故意子（故意）、今个（今天）、明个、后个、半个（旁边）"等。

（3）罗川村方言有双音节重叠词的第二个音节均变为[ei]韵母的现象。例如："盅坠、杯贝、碗位、板贝、缸给、桶退、桌赘、门眛、棍桂（后字都是拟音字）"等。这种构词法实际上后字是儿化的结果，源自临夏话的影响。临夏话中"儿、二"等读［E］音，儿化后的音节变成［ei］韵母，变韵过程如"盅＋盅＋儿"＝［tṣuŋ］＋［tṣu］＋［ei］。

2. 复合式构词法

太极川方言复合式构词法有重叠、并列、主谓、动宾、定中、状中、补充等数种。

（1）重叠式，如："蛋蛋（冰雹）、瓶瓶、勺勺（汤匙）、亲亲（亲戚）、抽抽（口袋）、捏捏（乳房）"等。

（2）并列式，如："眉眼（额头）、灶火（厨房）、模样（相貌）、晚夕（夜晚）"等。

（3）主谓式，如："血气来着（来月经）、病松了（病轻了）、身重（怀孕）、天狗吃热头（日食）"等。

（4）动宾式，如："喧干淡（聊天）、挡牛（放牛）、打摆摆（打瞌睡）、推头（理发）"等。

（5）定中式，如："锅头（灶）、夜雀（喜鹊）、妖名（绰号）、新姐（嫂子）"等。

（6）状中式，如："打发（出嫁）、老好（实诚）、蘸吃（小碟子）、永靖（地名）"等。

（7）补充式，如："病下了（得病）、凉下了（着凉）、淌过了（熟烂）、流过了（流产）"等。

第六节 太极川语法

依据《中国语言资源调查手册·汉语方言》的语法例句对照表，记录了太极镇古城村50个典型例句；又据笔者主持的国家社科基金项目"语言接触视域下的河州方言形成与演变研究"中确定的115个重点调查例句，对太极镇古城村和刘家峡镇罗川村两村的方言语法进行了调查，在此基础上归纳出太极川太极镇和刘家峡镇共有的语法特征。

一 太极镇古城村50个典型例句

尕张昨个钓咾一个大鱼儿，我没钓上哈。（小张昨天钓了一条大鱼，我没有钓到鱼。）

你烟哈吃着没？我没吃着。（你平时抽烟吗？不，我不抽烟。）

你家哈致个事情说咾没？奈我家哈说给咾。（你告诉他这件事了吗？是，我告诉他了。）

你吃大米哩还是吃馍馍哩？（你吃米饭还是吃馒头？）

你家哈到底承当咾没？（你到底答应不答应他？）

尕强哈叫上咾一搭电影院看《刘三姐》走。致个电影哈家看过咾。（叫小强一起去电影院看《刘三姐》。这部电影他看过了。）

你把碗洗一挂。（你把碗洗一下。）

家把橘子皮剥过咾，可没吃。（他把橘子剥了皮，但是没吃。）

家们教室里空调哈装上咾。（他们把教室都装上了空调。）

帽子哈风刮过咾。（帽子被风吹走了。）

张明之一个包包哈坏俫抢过咾，人哈差乎些伤哈。（张明被坏人抢走了一个包，人也差点儿被打伤。）

雨就下来咾，你们再不要出去。（快要下雨了，你们别出去了。）

致个毛巾脏之很，撂过去吧。（这毛巾很脏了，扔了它吧。）

我们之票是车站上买哈之。（我们是在车站买的车票。）

墙上一张地图贴之哩。（墙上贴着一张地图。）

一个老者床上躺之哩。（床上躺着一个老人。）

河里尕鱼儿多之很。（河里游着好多小鱼。）

前面来咾一个胖胖之尕娃娃。（前面走来了一个胖胖的小男孩。）

家们屋里一单尺三个猪死咾。（他家一下子死了三头猪。）

致个车开上之广州去哩。（这辆汽车要开到广州去。/这辆汽车要开去广州。）

学生娃们车哈整整之坐咾两天。（学生们坐汽车坐了整整两天。）

家做下之点心你尝一挂咾再去。（你尝尝他做的点心再走吧。）

你唱之什么？我没唱之，我放之是录音。（你在唱什么？我没在唱，我放着录音呢。）

我兔娃肉啊吃过，你吃过没？我没吃过。（我吃过兔子肉，你吃过没有？没有，我没吃过。）

我洗咾澡咾，今个篮球不打咾。（我洗过澡了，今天不打篮球了。）

我算之太快咾算错咾，我再算一下。（我算得太快算错了，让我重新算一遍。）

家一高兴就唱开歌儿咾。（他一高兴就唱起歌来了。）

将才阿个说我老师之？（谁刚才议论我老师来着？）

自写咾半面，还往哈写哩。（只写了一半，还得写下去。）

你才吃咾一碗米饭之，再吃上一碗吧。（你才吃了一碗米饭，再吃一碗吧。）

叫娃娃们先走，你再把展览哈详详详细细之看一下。（让孩子们先走，你再把展览仔仔细细地看一遍。）

家把电视看之看之睡着咾。（他在电视机前看着看着睡着了。）

你算一哈，致些钱够哩不？（你算算看，这点钱够不够花？）

老师你哈给咾一本厚厚之书吧？（老师给了你一本很厚的书吧？）

奈个卖药的家之一千块钱哈骗过咾。（那个卖药的骗了他一千块钱呢。）

我上个月家的三百块钱借上咾。／我上个月家哈借给咾三百块钱。（我上个月借了他三百块钱。）

王先生刀哈开之好之很。／王先生的刀哈开下之好之很。（王先生的刀开得很好。）

我人家哈不怪，我哈怪哩。（我不能怪人家，只能怪自己。）

明早王经理公司里来哩不？我看是不来。（明天王经理会来公司吗？我看他不会来。）

我们南京啦往致些拉家具用什么车哩？（我们用什么车从南京往这里运家具呢？）

家将病人沙发上笪之。（他像个病人似的靠在沙发上。）

致么做活是，小伙子都吃不住。（这么干活连小伙子都会累坏的。）

家最后一趟车上跳上之走咾。我迟咾些，只能个家慢慢之回学校。（他跳上末班车走了。我迟到一步，只能自己慢慢走回学校了。）

致个诗是阿个写下之？阿个猜出来是，我给十块钱。（这首诗是谁写下的？谁猜出来我就奖励谁十块钱。）

我你哈给哈之书是我教中学之阿舅写哈之。（我给你的书是我教中学的舅舅写的。）

你比我高，家比你还高。（你比我高，他比你还要高。）

老王兰老张一样高。（老王跟老张一样高。）

我走咾，你们两个人再坐一会。（我走了，你们俩再多坐一会儿。）

我家哈说不过，致个家伙哈是啥个说不过。（我说不过他，谁都说不过这个家伙。）

上一趟自买咾一本书，今个要多买几本哩。（上次只买了一本书，今天要多买几本。）

二 太极川古城村 115 个重点调查例句

我兰家一呱都不高兴。（我跟他们大家都不高兴。）

我兰家一搭进城咾。（我跟他一起进城了。）

我兰家没说话之。（我没跟他说话。）

我将来。（我刚来。）

我乃会不在家里之。（我那会儿不在家里。）

不多不少，将好三斤。（不大不小，刚好三斤。）

不大不小，将好之。（不大不小，刚合适。）

我不来。（我不来。）

家没来之。（他没来着。）

我还没有吃之。（我还没有吃着。）

一呱不吃咾，家还吃之。（其他人都不吃了，他还在吃着。）

家尽说二家之不好。（他总说别人的不好。）

家净吃面哩，米饭哈不吃。（他净吃面哩，不吃米饭。）

多之呱，大之呱，好吃之呱。（很多，很大，很好吃。）

菜好之呃。（菜好得很。）

菜好吃之凶。（菜非常好吃。）

你篮球打之好。/你篮球打之歹。（你篮球打得很好。）

家打之瓢欠。/家打之日赖。（他打得不好。）

我打之不成。（我打得不好。）

自有家一个人来。（只有他一个人。）

碗哈给打破咾。（把碗打破了。）

家把碗哈给打破咾。（他把碗打破了。）

李四家把张三啊打哈咾。（李四把张三打了。）

尕王家把尕张哈说吼哈咾。（小王他把小张说哭了。）

家把一呱哈给说吼哈咾。（他把所有人都说哭了。）

我将跟拉兰州来。（我刚从兰州来。）

明早拉我们放假咾。（从明早我们就放假了。）

我把家日戳给咾一顿。（我把他骂咾一顿。）

这本书把小张看迷过咾。（小张把这本书看入迷了。）

我们把家叫老王之。（我们把他叫老王着哩。）

有些地方把太阳叫热头。（相同）

把书哈给尕王。（把书给小王。）

小王哈给一本书。（把书给小王。）

书是给尕王之。（书是给小王的。）

一呱给家帮过忙。（大家都给他帮过忙。）

一呱尽给家说话之。（大家都帮他说话着呢。）

我给家写给咾一封信。（我帮他写了一封信。）

之个生活使咾三年咾。（这个笔我用了三年了。）

生活啦写字。（用笔写字。）

生活啦写字之哩。（用笔写字着呢。）

手里拿之一本书哩。（手里拿着一本书。）

把乃个拿进来。（把那个东西拿进来。）

那个哈拿来吵。（把那个东西拿来吧。）

把家哈姆办法。（把他没啥办法。）

我不到他。（我不如他。）

家比家好。（他比他好。）

家的岁数比我大。（他的岁数比我大。）

家的岁数连我一样大。（他的岁数跟我一样大。）

家之岁数姆我大。（他的岁数没我大。）

我比家大三岁。（我比他大三岁。）

我大家三岁。（我比他大三岁。）

我大过家三岁。（我比他大三岁。）

之个房子那个房子哈不到。（这个房子比不上那个房子。）

窑街之炭把靖远之炭不到。(窑街的炭比不上靖远的炭。)

娃们不得劲，把老师哈吃力之。(孩子们不努力，让老师受苦了。)

先人一出门时把家饶死咗。(父亲一外出，把孩子高兴坏了。)

你快些说呤，我哈急之。(你快点说呀，我很着急。)

刘老师连之讲咗三节课，嗓子哈喊哑咗。(刘老师连着讲了三节课，把嗓子都喊哑了。)

娃娃之学费哈给咗。(把孩子的学费交了。)

把我们算什么哩？功劳是大家之。(我们算不上什么，功劳是大家的。)

这个事哈我知道哩。(这个事我知道呢。)

我是啥哈有哩！(我什么都有呢。)

校长就是把理科班的学生好。(校长偏爱理科班的学生。)

之个话哈本地人怎么说之哩？(这个话本地人怎么说着呢？)

啊个？我是老三。(谁呀？我是老三。)

老四呢？家跟一个朋友谝干淡之。(老四呢？他跟一个朋友聊天着呢。)

家还没有说完吗？(他还没有说完吗？)

还没，再将就一会儿就说完咗。(还没有，再等一会就说完了。)

你啊里去哩？我到城里去哩。(你去哪儿？我去城里。)

在耐塔些哩，之些上没。(在那边，不在这边。)

不是那么做之，是之么做之。(不能那么做，要这么做。)

太多咗，之们些子哈不要，之些就够咗。(太多了，不用这么多，这些就够了。)

之个大，耐个小，之两个阿一个好一些？(这个大，那个小，这两个哪一个好些？)

您贵姓？我姓王。(相同)

你姓王，我也姓王，我们一呱姓王。(你姓王，我也姓王，我们都姓王。)

你先去，我们一会咗来。(你先去，我们一会再来。)

家今年多少岁咗？(他今年多少岁了？)

哈巴有三十来岁。(可能有三十多岁。)

这个家有多重？（这个东西有多重？）

五十斤哩。（相同）

拿动哩吗？（能拿动吗？）

我拿动之哈，家拿不动。（我拿动呢，他拿不动。）

重之很，连我都拿不动。（重得很，连我都拿不动。）

你说之好，你还会说些什么哩？（你说得好，你还能说些什么哩？）

我之嘴笨，说不过家。（我的嘴笨，说不过他。）

说咔一遍，可说咔一遍。（说了一遍，又说了一遍。）

姆你就再说一遍呗！（那你再说一遍吧。）

不早咔，赶紧去！（不早了，赶紧去！）

现在还早之。等一会咔再去。（现在还早着哩。等一会了再去。）

饭啊吃罢咔再去。（把饭吃了再去。）

慢慢之吃哟！褒急！（慢慢吃，不要急。）

坐哈咔吃不（比）站哈咔吃之好。（坐着吃比站着吃要好些。）

之个哈吃得，那个吃不成。（这个能吃，那个不能吃。）

家吃咔么，你吃咔没哟？（他吃过了，你吃了没？）

家去过上海，我没去过。（他去过上海，我没去过。）

你闻一哈么之朵花香之没？（你闻一下这朵花香不？）

香之很，对之哩没？（很香，对吗？）

我哈给一本书！（给我给一本书）

我实话啦说书没。（我真的没有书。）

你家哈说给。（你给他说一下。）

好好儿之走，褒跑！（好好地走，别跑！）

小心，跌下去时再爬不上来！（小心些，跌下去的话就爬不上来了！）

先生说之叫你多睡一会。（大夫说的让你要多睡一会。）

吃烟、喝茶一呱不成。（抽烟、喝茶都不行。）

烟也好，茶也好，我都一呱姆好之。（烟呀、茶呀，我都不喜欢。）

你去哩吗不是，我肯定去哩。（你去不去？我必须去。）

你是阿一年来之？（你是哪一年来的？）

我是前年到致里来哈之。（我是前年到这里来的。）

今个开会啊个主持哩哟？（今天的会是谁主持呢？）

你我哈要请一呱哩。(你要把我请一顿饭呢。)

之本书是家之呗,那本书是家哥之呗。(这本书是他的,那本书是他的哥的。)

一哈哩走之哩,一哈哩说之哩。(一边走着,一边说着。)

越走越远,越说越多。

看书之看书,看报之看报,写字之写字。(看书的看书,看报的看报,写字的写字。)

三 太极川方言语法特征

我们从特点显著的词类和句式两方面阐述太极川方言的语法特征。

(一)特定词类

分副词、代词、量词、介词、连词、助词、语气词、兼类词"之"共8个小类分别说明。

1. 副词

(1)程度副词(下分绝对的和相对的两种),如:很、最、太、胡都、格外、更、更加、越、有点儿、稍、稍微、差乎些(差点)。

(2)范围副词(分指示主语的范围、指示谓语的范围两种),如:都、一挂、总共、将(刚)、净、光、就。

(3)时间副词,如:已经、将(刚)、才、正、在、正在、将、就、就要、常、常常、时常、时时、从来、总是、赶紧、还是、重新、还、再、可。

(4)方式副词,如:特意、故意、猛然、连忙、赶紧、悄悄、单独、一挂、一搭、一单尺(一同)。

(5)肯定、否定副词,如:肯定、不、纽("没有"的合音)、没、别、甭("不要"的合音)。

(6)语气副词,如:难道、究竟、偏偏、简直、就、可、哈巴、难怪、大概、幸亏、反倒、反正、竟然、明明、恰恰、只好。

(7)处所副词,如:处处、到处、随处。

2. 代词

(1)人称代词

单数:我、你、家(他)。

复数：我们、你们、家们、一呱（大家）。不说"咱们"，第一人称复数"我们"既是包括式，也是排除式。也无"您、您二位"的说法。

自称：个人（自己）。

他称：人家（别人）、二家（别人）。

(2) 指示代词

近指：致个（这个）、致里、致些、致门（这么）。

远指：奈个（那个）、奈里、奈些、奈门（那么）。

(3) 疑问代词

阿（哪）、阿个（谁）、阿个（哪个）、阿里（哪里）、自门（怎么）、怎门（为什么）、什门个（什么）。

3. 量词

(1) 物量词：个、双、把、根、支、副（药）、坨（泥）、颗（粮食）、匹（马）、头（牛）、张（桌子）、床（被窝）、院（房子）、顿（饭）。

(2) 动量词：（吵）一顿、（跑）一趟、（等）一会、（演）一场、（唱）一遍；

一挂：你把碗洗一挂。（你把碗洗一下。）

4. 介词

(1) 表示时间方所：从、到、往、在、朝、顺、跟拉（从）。

(2) 表示方式：照、按、照住、依、凭。

(3) 表示目的：为、为了、为着。

(4) 表示原因：因为。

(5) 表示对象、范围：对、把、连、给。

(6) 表示排除：除、除了、除非。

(7) 表示被动：叫。

(8) 表示比较：比、连。

5. 连词

(1) 连接词语的连词：兰（连）、跟、也、或、或者、又……又……。

(2) 连接分句的连词：或者、为了、可、一哈哩（一边）……一哈哩……、不但……还……、不光……还……、不管……都……、无论……都……、除非……才……、只要……就……、只有……才……、要是……就……、万一……就……、虽然……但……、因为……所以……。

姆、姆家:"姆"的说法如"姆你就再说一遍呗!(那你再说一遍吧。)""姆家"的说法如:"你说我弄之不好,姆家你弄吵。"似是发语词,但实际与前面的话有着明显的关联,跟"那么"类似,所以我们将其放在连词中予以说明。

6. 助词

太极镇没有比况助词和"所字"助词,只有动态助词和结构助词两类。

(1) 动态助词

之:等于"着"。如:你烟哈吃之没?(你平时抽烟吗?)墙上一张地图贴之哩。(墙上贴着一张地图。)一个老者床上躺之哩。(床上躺着一个老人。)

咾:帽子哈风刮过咾。(帽子被风吹走了。)我洗咾澡咾,今个篮球不打咾。(我洗过澡了,今天不打篮球了。)

过:致个电影哈家看过咾。(这部电影他看过了。)这本书把小张看迷过咾。(小张把这本书看入迷了。)

(2) 结构助词。太极镇结构助词都是"之",可分为之$_1$、之$_2$、之$_3$。

之$_1$:等于"的"。例如:张明之一个包包哈坏俫抢过咾。(张明的一个包被坏人抢走了。)

之$_2$:等于"地"。如:学生娃们车哈整整之坐咾两天。(学生们整整坐了两天汽车了。)

之$_3$:等于"得"。如:致个毛巾脏之很,摺过去吧。(这毛巾脏得很,扔了它吧。)我算之太快咾算错咾,我再算一下。(我算得太快算错了,让我重新算一遍。)

7. 语气词

(1) 陈述语气词

哈:尕张昨个钓咾一个大鱼儿,我没钓上哈。(小张昨天钓了一条大鱼,我没有钓到鱼。)这个"哈"与"呀"功能相同。

着:你烟哈吃着没?我没吃着。(你平时抽烟吗?不,我不抽烟。)这个"着"与"呀"功能相同。是由动态助词再变为语气词的结果。

咾:奈我家哈说给咾。(我告诉他了。)"咾"与"了"功能相同。

之:我们之票是车站上买下之。(我们是在车站买的车票。)

哩：一个老者床上躺之哩。（床上躺着一个老人。）

呗（有强调意味）：之本书是家之呗，那本书是家哥之呗。（这本书是他的，那本书是他的哥的。）

（2）疑问语气词

哩：你吃大米哩还是吃馍馍哩？（你吃米饭还是吃馒头？）

吧：老师你哈给咾一本厚厚之书吧？（老师给了你一本很厚的书吧？）

之：致个诗是阿个写下之？（这首诗是谁写的？）

之：等于"来着"，如：将才阿个说我老师之？（谁刚才议论我老师来着？）

呢：老四呢？家跟一个朋友谝干淡之。（老四呢？他跟一个朋友聊天着呢。）

吗：家还没有说完吗？（他还没有说完吗？）

吵：家吃了么，你吃了没吵？（他吃过了，你吃了没？）

（3）祈使语气词

吧：致个毛巾脏之很，撂过去吧。（这毛巾很脏了，扔了它吧。）

吵：你快些说吵，我哈急之。（你快点说呀，我很着急。）

呗：姆你就再说一遍呗！（那你再说一遍吧。）

（4）感叹语气词

呱：多之呱，大之呱，好吃之呱。（很多，很大，很好吃。）

呃：菜好之呃。（菜好得很。）

8. 兼类词"之"

太极镇人说话当中常带一个"之"字，如"我们之古城，倒锅之哩，倒哈之锅灵之钢啷啷之响之哩"，意思是"我们的古城，铸造铁锅着呢，铸造的铁锅灵得钢啷啷地响着哩"。这句话用了6个"之"，这个"之"字很有特点，可以与五个虚词对应：

（1）"的"：结构助词，连接定语和中心语，多表示领属，如"翻砂倒锅之技术是我们古城之，个家之，不是二家之"，其中的4个"之"字都是这一用法。但是"的字"短语中的"的"说"的（音同"地"）"而不说"之"，如儿歌"阿舅来了擀饭饭，擀白的（白面），舍不得。擀黑的（黑面），羞人哩。"句中的"的"字都读 [ti]。

（2）"地"：结构助词，连接状语和中心语。如"现将古城话简单之跟你们扯会干淡，喧会关"，"叫娃娃们先走，你再把展览哈详详详细细之看一下"，"日子要仔细之盘算"，句中的"之"都与结构助词"地"对应。

（3）"得"：结构助词，连接中心语和补语。如："重之很，连我都拿不动。""你说之好，你还会说些什么哩？""你篮球打之好。/你篮球打之歹。"其中的"之"都对应结构助词"得"。但只有"得"字作补语标记时才说"之"，其余场合依然读"得"，如"擀白的（白面），舍不得"中的"得"字。

（4）"着"：动态助词，用在动词性中心语之后，表示动作状态的持续。例如儿歌："花花被儿盖之哩，花花褥子铺之哩，花花布鞋放之哩，花花枕头上枕之哩。""家将病人沙发上笡之。"（他像个病人似的靠在沙发上。）其中的"之"都对应动态助词"着"。

（5）"的"：语气助词，用在句末，表达陈述语气。例如："我是去年来哈之。"（我是去年来的。）"我连他没说话之。"（我跟他没有说话的。）有时句末的"之"字同"着"，但也为语气助词，跟普通话的"呀"作用相同，例如："你才吃咾一碗米饭之，再吃上一碗吧。"（你才吃了一碗米饭呀，再吃一碗吧。）

（二）特有句式

分"ov"式句、"vo走"式句、"哈"字句和"啦"字句四种予以说明。

1."ov"式

即宾动式。太极川话中的宾动式是最明显的句法特点。普通话以动宾式为常，河州（含青海东部）话以宾动式为常。永靖县现隶属于临夏回族自治州，太极川黄河以南历史上多隶属于河州，受河州话影响，宾动式使用也很多。不过这种格式一般是有条件的，据调查，带后置词"哈/啦"的宾语都要放在述语（动词）之前，例如：

我人家哈不怪，我哈怪哩。（我不能怪人家，只能怪自己。）

致个电影哈家看过咾。（这部电影他看过了。）

张明之一个包包哈坏俶抢过咾，人哈差乎些伤下。（张明被坏人抢走了一个包，人也差点儿被打伤。）

这几个例子中，所有带"哈"字的宾语都前置了。如果不带"哈"

字，则宾语可前可后，例如：

之个哈吃得，那个吃不成。（这个能吃，那个不能吃。）

家净吃面哩，米饭哈不吃。（他净吃面哩，不吃米饭。）

其中"之个哈吃得，那个吃不成"中的"那个"放在了述语"吃不成"之前，"家净吃面哩，米饭哈不吃"中的"面"放在了"吃"的后面。

由于受普通话的影响，太极川话宾语前出现了介词"把"，后面还带着后置词"哈"，形成叠置的语法现象，例如下句中的"把展览哈"：

叫娃娃们先走，你再把展览哈详详详细细之看一下。（让孩子们先走，你再把展览仔仔细细地看一遍。）

2. "vo 走"式。

普通话中说"我们去看电影吧""去喝酒吧"，在太极川话中只能说成"看电影走""喝酒走"，即"vo 走"式。例如：

尕强哈叫上咾一搭电影院看《刘三姐》走。（叫小强一起去电影院看《刘三姐》。）

高兴下了朋友家浪门走，喝酒走。（高兴的时候我们去朋友家串门、喝酒。）

这种句式只能用在祈使句中。

3. "哈"字句

"哈"字在无论在古城还是罗川都频繁使用，可以说是太极川共有的特点。分两种情况：

（1）对象标记"哈"。例如：

你家哈致个事情说咾没？奈我家哈说给咾。（你告诉他这件事了吗？是，我告诉他了。）

老人们哈要孝敬之，尕媳妇哈要谩散之些。（对老人要孝敬着，对小媳妇要哄着。）

你我哈要请一呱哩。（你要把我请一顿饭呢。）

（2）受事标记"哈"。例如：

刘老师连之讲了三节课，嗓子哈喊哑了。（刘老师连着讲了三节课，把嗓子都喊哑了。）

娃娃之学费哈给了。（把孩子的学费交了。）

帽子哈风刮过咾。(帽子被风吹走了。)

张明之一个包包哈坏俅抢过咾，人哈差乎些伤下。(张明被坏人抢走了一个包，人也差点儿被打伤。)

奈个卖药的家之一千块钱哈骗过咾。(那个卖药的骗了他一千块钱呢。)

4."啦"字句

后置词"啦"在太极川话中也惯常使用，具体可分三种情况：

(1)作为时间、处所的起点。如：

明早啦我们放假了。(从明早我们就放假了。)

我们南京啦往致些拉家具用什么车哩?(我们用什么车从南京往这里运家具呢?)

(2)作为伴随者的后置词，如：

老人啦一起过着呢。(跟老人在一起生活。)

大人们啦玩笑甭开的。(别跟大人们开玩笑。)

(3)作为使用工具的后置词。太极川一般不说介词"用、拿"等，而是在工具名词后加后置词"啦"。如：

毛笔啦写的个对子。(用毛笔写一副对联。)

生活啦写字之哩。(用笔写字着呢。)

第七节　太极镇自然口语语料摘编

木家我们古城子说话有一个特点，说话当中常带一个"之"字，很有特色。太极川不大，家就有不同的口音和方言特点，比如"没有"，古城人说"没"，川南人说"牛"，临夏人说"木"。川南人说的是说河州话，话音柔软，语言中常带"阿"字，如：阿大、阿妈、阿木了等。川北人说古城话，说话稍硬，较直白，如：爹、妈、哥、姐。川北"大百姓"各村的口语也还各有差异，如古城人说"之"，像"我们之"，大川人说"的"，如"我们的"。

太极川川北一带之话，口语基本相同，唯有古城人说话口语中带"之"。古城人话中带"之"是一个值得研究之现象。家就把（现将）古城话简单之跟你们扯会干淡，喧会关：

我们之古城，倒锅之哩，倒哈之祸灵之钢啷啷之响之哩。不光是倒锅，做庄稼之犁、铧，生活用具，寺院庙宇之法器、法件全部做之哩。我们做之物件美观耐用，家们全部都来上门订货，一瓜全国各处都来之哩。木家你不知道，翻砂倒锅之技术是我们古城之（的），个家之（自家的），不是二家之（别人的），是有哈数之（有秘密的），进了国家非物质文化名录之，牛之额。过去古城子是个"烂古城"，苦焦之额。今个之（今天）古城，我们之炉院家法码（了不起）之凶，村里之各姓人都一搭干（一起）活，一瓜（全部）在一起生活。二千年前在我们之古城设了个县城，管之地域还大之额，今个之兰州青海之好多地方都管之哩，家又把县城建在古城，我们之古城是个风水宝地，家我们要好好之珍惜之哩。

　　乃了是尕光阴要叶子哈潮过了下茬（努力）哩，日子哈要将细之盘（干、下功夫），老人们哈要孝敬之，尕媳妇哈要谩散之些，尕狗们（小孩）不速古（不经意）是就长大了。干营干（干事情）要利撒（麻利）些，勤劲（勤快）些，踢踏麻拉（麻利、干练），夓骗嘴（吹牛），夓溜尻子，胡不要迁翻（折腾），夓跳弹（胡闹），歪门邪道是干淡（不行）。破烦（烦恼）了，暮囊（惆怅）了，夓难心（对困难无能为力），尕光阴哈跌办（经营）之，挖抓（活动）之，撩乱（活动）之，叶子哈要麻成个花椒叶子，夓癫狂。什啥（什么）有个哈数（规律）哩。木家尖钻（狡猾）之人哈避之些，落怜（可怜）、不全患（有残疾）之人哈宽展（手头宽裕）了拉把之些。垛罗（头脑）笨、版筋（脖子后面）犟、邋遢包（不讲卫生）、窝囊包（没出息）、洋昏子、哑出出的（表面不吭声，背后做坏事）、孽性性的（没精神）、洋三浑四的、呱拉半痴的（头脑不清楚）、温不伏伏的（不张扬，暗地里做事）、稀流跌水（软弱无力）的、纳文做事（故意摆架子）的、贼眉鼠眼（不正经）的、扯皮溜谎（经常不说实话）的、疯张倒怪（疯疯张张）的、呆迷痴眼（没灵性，呆头呆脑）的、暮固（笨）、癫狂（不稳重）之人哈你夓缠，夓惹，夓欠翻（挑逗），夓使狠（欺负），夓持火不住（心里不服气），也夓希孽障，不了是你就吃火之（小心），你骗过（懂不懂）里不？不要你没耳性，不信你试火之（小心、警告）。你照啥（你看），人活着要受活（舒服）些，福摊（舒服）些，窝耶（条件好）些，跷钱（精神、健康）

些。阿门做里（怎么办）？家就难了嫑呻唤（叹息），嫑毛躁（烦恼），做事情活泛（灵活）之些，把个家之事哈务劳（管理）好，攒之撩乱（赶紧做）嫑搐搐摵摵（不大方）。我抗将（已经）一瓜（全部）掏腾仡佬（各个角落）、孖儿麻扎（零零碎碎）、狗七汤八（乱七八糟）、聋天拐地（说东答西）、瞎头摸杖（不细看，好像没长眼睛一样）、瓜拉半痴（有说有笑）地说完了，全都是谝干淡（聊天），口秃言浅（口才不行，不会说话），没说到岗八岔（离题太远）吧？古城人听见是找我的麻达（毛病），搅骚（捣乱）哩，扫毛（搅乱）哩，欠翻（找麻大）哩，家们燥哈是凶之额（厉害），之木是我怯虎（害怕）哩，吃火不住（接受不了）。呱呱，木家就孖散饭哈跌饱（吃饱）了飞展（立即行动），嫑磨节（故意不行动），攒之缭乱（赶紧做），什啥哈架硬（严肃办事），之木是我目量（思谋）什啥哈满福（满足）了，你思谋是？下茬说之不罢（唠叨个没完），你骗过里不（明白不）？

临上末尾（最后）我给你说个笑话：老鼠眼睛罗圈腿，塌塌鼻子缸茬嘴。碎不拉几的屹蚤腿，吐天哇地的醉汉鬼。

之娃乃娃，黄鹰抓之个兔娃。风来了，雨来了，阎王爷背之鼓来了。帽子斜斜戴，媳妇来之快。

过瘾里不？不过瘾是木我就脸哈揣给之抽抽（兜兜）里了给你们唱个孖之时候唱过之歌儿：

古今当当　古今，古今当当，猫儿跳到缸上，缸扒倒，油倒掉，你妈打之不要了。

热头哥　热头哥，热头哥，红烙烙，阳哇仡佬里炒菜菜，什么菜？孖白菜，你一碗，我一碗，打破砂锅了我不管。

种豆豆　雁雁，一溜溜，拔过麦子种豆豆，豆豆开花了，你参你妈回家了。

打锣锣　打锣锣，揉面面，阿舅来了擀饭饭，擀白的（白面），舍不得。擀黑的（黑面），羞人哩。杀公鸡，叫鸣哩，杀母鸡，下蛋哩。杀鸭子噗噜噜飞到河滩哩。杀狗里，阿舅听见就走哩。

睡眠曲　昂！昂！睡着着，睡之醒来了给馍馍。

馍馍来？猫抬了，猫来？钻了烟洞了。烟洞来？草塞了。

草来？牛吃了，牛来？上山了，山来？雪压了，雪来？

消水了,水来?和泥了。泥来?漫墙了。墙来?猪毁了。

猪来?铁匠哥哥一棒打死了。铁匠哥哥来?十字路上睡之哩。

花花被儿盖之哩,花花褥子铺之哩,花花布鞋放之哩,花花枕头上枕之哩。

数脚印 脚印脚印盘盘,一盘盘到南山,南山扁豆,野狐子张口。驴蹄子,马蹄子,脚印哥哥一双一只子。

喜鹊 喜鹊哥,喜鹊哥,"呷(jia)!呷!呷!"明早后个来亲家,亲家亲家你坐哈,我给你搭给个油面茶!

之门是满福了没?过瘾了没?木甲古城话(方言)很多,我一瓜(全部)说是说不上,家就之些,耍笑话。

(由古城罗豆宝先生提供)

第八节 太极川方言的形成和演变

据《永靖县志》(1995年版)记载:"自古以来,在永靖地区生息活动的民族是羌族部落,汉代的烧当、勒姐、罕开诸羌人部落,都曾是这里的主人。魏晋南北朝时期,这里又新增加了鲜卑族的吐谷浑秃发氏、乞伏氏诸部。唐、宋时又有了吐蕃人和党项人。元明时蒙古人和回族人进入。而汉人则早于汉代开始就陆续来到这里。上述各历史时代移入这里的各个民族,通过长期杂居,相互均有融合。但从宋代开始至元、明、清后,境内居民以汉族为主,回族、东乡族等民族次之。"

元明以来,太极川可谓海纳百川,吸纳了全国各地的汉民来此定居。《永靖县志》记载:"据永靖部分汉族家谱和口碑资料证实,他们的先祖多来自山西、陕西、南京、四川、广东、河南、安徽等地。"清代初年,太极川民居规模就已不小了。以孔氏家族为例,从吴镇撰写的《处士宝还孔公暨德配周儒人合葬墓志铭》可知:"去皋兰城西百四十里半个川,有孔氏之村。聚族而处,约数百家,盖至圣之苗裔云。相传其始祖某者,自元时由曲阜以时迁此,迄今四百余年。"现今太极川的孔氏族人,主要分布在永靖县刘家峡镇、太极镇川北,包括小川、大庄、古城、中庄、大川、四沟等村庄,据不完全统计,这里的孔氏人口在 8 万左右。迄今,太极川共计 14 个村,18 个社区居委会,截至 2019 年年底,总人口已达

91642 人，其中城镇人口 54601 人，农村人口 37041 人。今天的太极川，已然成为一片当地人热爱、外地人向往的乐土。

太极川有着南北迥别的民俗事相，方言尤其富有特色，不断吸引学者关注并进行研究。本书的目的，就是客观描述太极川方言的特点，揭示其形成的原因，并预示其走向。

如前所述，太极川民俗南北不同。以社火为例，太极川黄河两岸截然不同，各有特色。川北社火是兰州风格，以仪仗队、"春官"为先导，以兰州太平鼓表演为主体。2006 年 5 月 20 日，兰州太平鼓被列入第一批国家级非物质文化遗产名录。川南社火是河州风格，"财宝神"是社火队的先行官。"财宝神"由毛老僧、掌灯官和钹鼓手组成，扮演者反穿皮袄，怀揣宝物，手拿鸡毛掸子，财宝神在前面唱，秧歌在后面舞。川北完全是汉传社火，川南明显是"蕃传"社火。扮演者"反穿皮袄"，"手拿鸡毛掸子"，这跟"西蕃"社火一脉相传，现陇南、川北的白马藏族人每年元宵前几日的表演就是如此。很显然，民俗之所以南北不同，是因为来源不同。

那么，作为民俗文化的组成部分，方言自然也呈现得异样。我们同样认为，太极川方言在形成之初就不相同，至今依然区别明显。川北的古城话有平声、上声、去声三个声调，平声不分阴阳，入声都归平声，深臻曾梗通五摄韵母不分，具备中原官话陇中片的特点，我们将其归入中原官话陇中片。但川南的罗川话平声、上声、入声归并为一个声调，去声一个声调，共两个调类，深臻曾梗通五摄韵母不分，具备中原官话河州片的特点，所以将其归入中原官话河州片。川南方言语音、词汇方面都跟临夏话接近。语音方面，跟临夏市的相关性可参看前述"罗川话与临夏话的比较"部分。词汇方面，事物小称说法如"尕盅坠、尕杯贝、尕碗位、尕板贝、尕缸给、尕桶退、尕桌赘、尕门昧、尕棍桂"（后字都为拟音字）等的小称音变，都与临夏话相同。而川北古城话则说"尕盅盅、尕杯杯、尕碗碗、尕板板、尕棍棍"等。

南北方言异样，来源不同是一个方面，还有其他的辅助条件。我们认为跟"黄河屏障"及政治区划有关。因黄河阻隔，越河交通工具古来只有羊皮筏子，南北往来很是不便。我们调查的一个当地人曾开玩笑说："过去黄河把我们两面还隔阂得劲大！"意思是"黄河古来实为很难逾越的天然屏障"。政治方面，历史上太极川大多时间以黄河为界，由金城和河州分治，1929年永靖县建县之前，川北还由皋兰县管辖，川南还归临夏县管辖。长期的行政分治，也为川北川南方言不同创造了条件。

"异"是显而易见的。"同"也不容忽视。

从语法方面着眼，太极川方言则在互相影响中明显地接近了。无论川南方言还是川北方言，都有来自阿尔泰语系蒙古语族的成分，如有表示动作行为受事、关涉对象等的"哈"字句；有表示工具的后置词"啦"；有表示处所起始点的后置词，只不过临夏为"搭"，太极川为"啦"。从共用的程度副词"胡都"上，也可以证明太极川方言吸纳了蒙古语族语的成分。笔者曾研究过河州方言的格助词（后置词），得出的结论是临夏市方言中有七个格：受事、与事、伴随、工具、起始、终点、比较。这里，我们将临夏市跟太极川的格助词进行比较：

	受事	与事	伴随	工具	起始	终点	比较
临夏市	哈	哈	啦	啦搭	搭啦	哈	
太极川	哈	啦	啦	啦			

可见，太极川方言除了没有"终点"格助词"搭啦"、"比较"格助词"哈"外，其余格助词都具备且基本一致。

据此可知，太极川方言在其形成和演变过程中，受临夏方言影响还是相当大的。我们认为，上述语法特征先被川南方言"植入"，进而"嫁接"到了川北方言之中。

如果我们将视野投放到更大的周边区域，就会发现太极川方言存在与别处方言相同（或相近）的迹象：川北方言在语音上跟兰州话、临洮话有明显的一致性。例如古城人常说的"姆"，为"没"的音变，如：把家哈姆办法。（把他没啥办法。）家之岁数姆我大。（他的岁数没我大。）"将"，为"像"的音变，如：家将病人沙发上筐之。（他像个病人似的靠在沙发上。）这里"姆"和"将"的音变与兰州话相同。兰州方言中的发语词"价"、语气词"哨"在太极川方言中也常说，例如"价你给说哈哨"（你给说一下吧）、"价你姆一挂过来哨"（你们全都过来吧），多在祈使句中使用。

跟临洮话的一致性主要表现在声调的归并上，试作比较：

古城话	临洮话
平声 13 高飞河麻铁学	平声 13 高飞河麻铁学
上声 53 古展纸死染有	上声 53 古展纸死染有
去声 35 近柱盖帐貌用	去声 44 近柱盖帐貌用

除了去声调值略有差异外，调类及其来源都是相同的。

太极川川北方言为何跟临洮话相近？我们认为，这是地域相连及经济原因使然。由于洮河从永靖境内汇入黄河，形成了一条经济文化交流的孔道。历代缘洮河、黄河来来往往从事商贸的乡民，形成了一个"临洮—兰州—太极川北"的"经济圈"，加之唐蕃古道、羌中道等多条支道交织在这里，以及炳灵寺繁忙的宗教活动的影响，都为当地方言的形成和传播提供了条件，使得方言逐渐相互"感染"而靠近。"太极川南—莲花—临夏"是一个"经济链"，太极川南作为"经济链"中重要的一个端点，方言也逐渐相互"感染"而跟河州话趋同。

新中国建立以来，随着刘家峡水电站的建成，黄河已不再是太极川南北的屏障，而是便利交通的共享资源。特别是改革开放以来，经济、文化活动不断频繁，太极川方言也加快了"融合"的步伐。可以预见的是：随着普通话的全面推广，居民文化水平的日益提升，书面语规范作用的不断加强，太极川方言将逐步趋同于普通话。所以，我们现在描述、研究太极川方言，具有"抓拍""抢救"和"收藏"的意义，价值是不言而喻的。陇上先贤李鼎超曾说："设数千载后，蔼然如闻圣哲謦欬之音，其不欣然自喜？"此言正代表了笔者的心声！

参考文献

陈贵辉：《刘家峡区域经济开发》，甘肃人民出版社2003年版。

孚佑上帝纯阳吕祖天师撰，谢增虎点校：《易说》，兰州大学出版社2013年版。

甘肃炳灵寺文物保护研究所：《炳灵寺》，江苏凤凰美术出版社2015年版。

关连吉：《凤鸣陇山——甘肃民族文化》，甘肃教育出版社1999年版。

黄陶庵：《续修导河县志》，1931年。

孔传堉：《孔子世家谱》，1937年。

雷仲科、陈贵辉：《黄河明珠——永靖诗词集》，敦煌文艺出版社1994年版。

李鼎超：《凉州方言叙》，《中大月刊》一卷一期，1929年。

李鼎超：《陇右方言》，兰州大学出版社1988年版。

李薇：《易经》，延边人民出版社2009年版。

（北魏）郦道元：《水经注》，时代文艺出版社2002年版。

临洮县文广局：《马家窑文化论坛文集》，2018年。

刘雁翔：《伏羲庙志》，甘肃文化出版社2003年版。

罗豆宝：《太极川古城村史话》，2019年。

莫超：《河州方言的形成与演变》，《中国语言学报》（第十八辑），商务印书馆2018年版。

莫超：《河州方言研究的几个问题》，《北斗语言学》（第三辑），上海古籍出版社2017年版。

聂明利：《世界非物质文化遗产河州北乡花儿》，甘肃人民出版社2015年版。

聂明利：《永靖非遗》，甘肃人民出版社2019年版。

乔高才让、李占忠：《凉州佛教》，甘肃文化出版社2002年版。

谭家健：《中国文化史概要》，高等教育出版社2010年版。

辛轩：《华夏祖咏》，新疆文化出版社2016年版。

薛仰敬：《兰州古今碑刻》，兰州大学出版社2002年版。

永靖县志编纂委员会：《永靖县志》，甘肃文化出版社2011年版。

永靖县志编纂委员会：《永靖县志》，兰州大学出版社1995年版。

袁银银：《中医基础学》，江苏科学技术出版社2000年版。

（清）张国常：《重修皋兰县志》，光绪十八年。

张行：《古生物与古环境》，敦煌文艺出版社2004年版。

赵忠：《积石访碑录》，甘肃人民美术出版社2012年版。

政协临夏州委员会：《临夏州史话丛书·永靖县史话》，甘肃文化出版社2017年版。

政协永靖县委员会：《国家级非物质文化遗产·永靖王氏铸造》，甘肃民族出版社2019年版。

政协永靖县委员会：《河州北乡财宝神探究》，甘肃人民出版社2015年版。

政协永靖县委员会：《黄河三峡儒释道场所概况》，2001年。

政协永靖县委员会：《永靖教育》，2005年。

中共永靖县委党史研究室：《永靖人物风采录》，2009年。

中国社会科学院语言研究所：《方言调查字表》（修订本），商务印书馆2004年版。

中国社会科学院语言研究所、中国社会科学院民族学与人类学研究所、香港城市大学语言资讯科学研究中心：《中国语言地图集》（第2版），商务印书馆2012年版。

中国语言资源保护中心：《中国语言资源调查手册·汉语方言》，商务印书馆2015年版。

后　　记

　　文化地理方言是地区发展最基本、最深沉、更持久的力量，最能体现一个地方的文化特质。永靖是我的故乡，永靖县委的小四合院是锤炼我 20 年的大熔炉，到省城工作也已 10 多年了，每每干起新的工作，思想、作风上更多体现的还是永靖县委这所"大学"打下的"公共课""专业课"功底。"公共课"就是永靖古老土地上先祖们创造的深远厚重的优秀文化；"专业课"就是各级党组织秉承的为民服务的从政理念。回首往事，继往开来，不忘初心、牢记使命是走好新的长征路的不竭动力之源。研究和弘扬优秀传统文化是我们这一代生于斯、长于斯的知识分子义不容辞的重担。2016 年，由于工作关系，有幸结识了方言学专家莫超教授，我提议抽时间联手挖掘研究永靖的文化和方言，我俩一拍即合，我们陆续用 3 年时间深入永靖的核心区域——太极川，开展了一系列调查访问工作，于 2019 年 12 月底完成了《太极川文化地理与方言研究》，并被列入兰州城市学院重点学科的研究课题。上编文化地理部分由陈贵辉执笔，前言和下编方言部分由莫超执笔，全书由莫超统稿。在与莫超教授合作期间，我最深的体会是，他有严谨的学术精神、高超的专业水平，值得我们学习，以适应新时代对党政干部高素质、专业化的要求。

　　此课题调研期间，得到了罗仕谦、李国辉、孔祥友、柳玉珍、魁永辉、孔德虎等同志的帮助。在古城村调研时，罗豆宝邀请当地老人配合完成了信息采集工作，他还向我们赠送了自己编著的《太极川古城村史话》；在罗川村调研时，罗仕谦邀请村干部和部分群众代表配合完成了信息采集工作。省档案馆卢琼华提供了民国时期皋兰县丰乐乡地图，省图书馆李素平提供了清朝吴镇创制的《松花庵文稿集成》和《松崖对联》。柳玉珍同志提供了太极川及古城村、罗川村基本数据，又联系史有东同志提供了大量照片，孔德虎收集提供了新版县志及有关地方史料。在方言信息采集过程中，莫超教授的博士研究生李泽琴、康小明参与了具体工作。出版时，得到了中国社会科学院张䶮、中国社会科学出版社李天明、责任编辑顾世宝等先生的积极支持。这里一并表示衷心的感谢！

本书纰漏不少，敬请方家指正！

陈贵辉

2019 年 12 月 28 日于兰州